MARCEL DUBÉ

Marcel Dubé est né à Montréal, le 3 janvier 1930. Il fit ses études classiques au collège Sainte-Marie. Avec quelques camarades, il fonde une troupe de théâtre, « la Jeune Scène », pour laquelle il écrit sa première pièce. En 1952, « la Jeune Scène » joue De l'autre côté du mur, la meilleure pièce canadienne au Festival d'art dramatique, et première oeuvre dramatique présentée à la télévision. Écrivain de métier depuis plus de trente ans, les nombreuses pièces qu'il a écrites ont été présentées pour la plupart à la télévision. Il est aussi l'auteur d'un recueil de poèmes, d'un essai et de deux téléromans populaires : « Côte de sable » et « De 9 à 5 ». Il a reçu le prix Victor-Morin en 1966 et le prix David en 1973 pour l'ensemble de son oeuvre.

UN SIMPLE SOLDAT

1945, la Guerre est finie. Pour Joseph Latour, voyou disponible, être soldat et se battre était sa raison de vivre, de faire quelque chose de spécial, mais la Guerre est finie et il n'est pas un héros. Il se retrouve sans avenir, soldat manqué et trouble-fête au sein d'une famille et d'une société engourdies par les habitudes. Personnage de la révolte, il fait à son entourage le procès du bonheur, condamné à rencontrer son destin personnel en simple soldat dans une autre guerre.

Ce qui compte avant tout dans *Un simple soldat*, c'est cette intuition, ou mieux encore cet instinct qu'a Marcel Dubé d'aller aux choses essentielles, de discerner le durable de l'accessoire, de saisir cette intimité de l'âme québécoise si difficile à cristalliser et de savoir l'exprimer avec une force, voire une violence, assez extraordinaire.

D0826634

Marcel Dubé
Un simple soldat

Quinze   théâtre   10/10

Collection « QUÉBEC 10/10 »
publiée sous la direction de François Ricard
avec la collaboration d'Annie Creton
est la propriété
des Éditions internationales Alain Stanké
2127, rue Guy, Montréal

Couverture :
Photo : Atelier d'histoire Hochelaga-Maisonneuve
Maquette : ADHOC

Distributeur exclusif pour le Canada :
Agence de distribution populaire Inc.
(Filiale de Sogides Ltée)
955, rue Amherst, Montréal
H2L 3K4
tél. (514) 523-1182

ISBN : 2-89026-286-3
Dépôt légal : 3e trimestre 1981

Cette pièce, d'abord conçue pour la télévision et présentée au réseau français de Radio-Canada, au mois de décembre 1957, a été adaptée par la suite pour la scène et créé le 31 mai 1958 au Théâtre de la Comédie-Canadienne, dans une mise en scène de Jean-Paul Fugère et des décors de Jacques Pelletier. La même année, elle était publiée dans sa version scénique, à l'institut Littéraire du Québec. Neuf ans plus tard, après avoir été remaniée et corrigée, elle était reprise une autre fois à la Comédie-Canadienne, soit le 21 avril 1967, dans une mise en scène de Jacques Létourneau, des décors de Jean-Claude Rinfret, avec accompagnement de musique originale de Claude Léveillée, et comprenait la distribution suivante:

	Mesdames
Bertha	Juliette Huot
Fleurette	Elizabeth Le Sieur
Marguerite	Monique Mercure
La Mère Brochu	Nana DeVarennes
Dolorès	Diane Pinard
Une serveuse de restaurant	Louise Turcot
Une figurante	Ginette Phaneuf

	Messieurs
Joseph	Gilles Pelletier
Edouard	Ovila Légaré
Armand	Pierre Boucher
Emile	Robert Rivard
Tit-Mine	Louis Aubert
Ronald	Yvon Thiboutôt
Tournevis	Claude Saint-Denis
Pitou	Guy Lécuyer
Un figurant	Pascal Lennad

DÉCOR

Pour éviter la lourde machinerie du théâtre réaliste, il
faut imaginer un complexe scénique facilement démonta-
ble et transformable comme l'est un jeu de meccano. Comme les personnages évoluent en plusieurs endroits, en des
lieux divers, et qu'ils ont à se déplacer parfois assez rapidement, il nous faut avant tout nous servir de l'espace, des
éclairages et de rideaux transparents comme premiers moteurs de l'illusion dramatique. De plus, chaque élément
structuré, plates-formes ou panneaux serviront à plusieurs
fins, étant amovibles ou pivotants. Ainsi en sera-t-il
des meubles et des objets. Ainsi en sera-t-il de tout. Mais
comme description générale, voici en quoi consiste l'essen-
tiel du décor. Principalement, il nous situe chez les Latour
dans un quartier prolétarien de l'est de Montréal. On y
voit une rue qui passe devant la maison, une passerelle
suspendue qui relie deux hangars ou deux toits d'édifices
et qui peut aussi devenir une autre rue dans le haut quartier, et, tout à fait en arrière-plan: la ville qui change souvent d'aspect selon que les années passent. Une ruelle
descend en pente assez raide du haut du quartier et dé-
bouche dans la rue inférieure devant la maison des Latour.
Mais chacun de ces lieux peut en devenir un autre aussi
souvent que l'action le demande. Il ne répugne pas au
théâtre de devenir cinéma si on utilise bien l'espace scénique et si on fait d'abord appel à l'imagination pour réussir
nos voyages dans le temps. C'est pourquoi ma pièce est
construite un peu comme un scénario de cinéma. L'inven-
tion des images, la cristallisation du réel provoquent la
réceptivité. Ainsi, s'il arrive que nous décrivions certaines
choses avec précision tout au cours de la pièce, c'est simplement dans le but de suggérer ce que le spectateur doit
penser voir. Certaines scènes, certaines répliques d'ailleurs
pourraient atteindre ce degré d'intimité propre aux gros
plans cinématographiques.

PREMIER ACTE

PREMIER ACTE

SCÈNE I

Dans le noir total, on entend une voix d'homme qui chante.
Nous étions tous des camarades
Que la guerre avait réunis
Fusil au poing pour les parades
Nos coeurs étaient couleurs khaki.

Je me souviens des camarades
Qui chantaient pour ne pas pleurer
La bièr' l'amour n'étaient pas fades
Les jours où nous avions congé.
Puis le rideau s'ouvre. Il n'y a d'abord que le cadran
d'un vieil appareil de radio qui soit allumé dans tout le
décor.

VOIX DE L'ANNONCEUR, *un éclairage de plein jour s'établit*
très lentement dans la rue inférieure et chez les
Latour où on ne trouve que Bertha qui écoute la
radio: C'est donc aujourd'hui, aujourd'hui sept mai
1945, date qui restera à jamais inoubliable, qu'aux
premières heures de la nuit dans une petite école de
Reims en France, quartier du général Eisenhower,
fut signée la capitulation sans condition de l'Allema-
gne et qu'a pris fin la guerre la plus désastreuse de
toute l'histoire du monde qui a duré cinq ans, huit
mois et six jours et qui a fait dans les camps alliés et

ennemis environ quarante millions de victimes.
Avouant que toute résistance était devenue inutile,
que les grandes ambitions du Troisième Reich n'é-
taient plus que cendres et qu'illusions, l'amiral
allemand Karl Dönitz a ordonné à toutes ses armées
de se rendre sans conditions. C'est ce matin même,
à neuf heures trente-cinq minutes que la radio canadienne pouvait enfin transmettre cette nouvelle reçue
de la Presse Associée. Mais ce sont les Allemands qui
les premiers ont annoncé la fin des hostilités, avant
même que...

*Bertha, que tout cela semble laisser indifférente ou
ennuyer, se lève pour choisir un autre poste où l'on peut
entendre le Soldat Lebrun qui chante: "Je suis loin de
toi, mignonne". Bertha s'écrase de nouveau dans son
fauteuil pour écouter à son aise cette chanson qui semble la ravir béatement. Dehors, dans la rue, des enfants
sautillent sur le trottoir en jouant à la marelle et en
criant en les scandant bien, sans trop comprendre cependant, les mots miraculeux: "la guerre est finie, la
guerre est finie...." De loin, en se rapprochant on entend
la voix de Fleurette qui sème sa joie dans le quartier,
avant d'entrer en scène.*

VOIX DE FLEURETTE: Joseph ira pas au front! La guerre
est finie! Joseph ira pas au front!... *(Puis elle paraît
dans la rue, très jeune, très enjouée, toute essoufflée
pour se précipiter dans la maison pendant que les
enfants sortent de scène en courant.)*

FLEURETTE, *répétant*:   La guerre est finie! Joseph ira pas
au front!... *(S'élance vers sa mère qui demeure amor-
phe.)* T'as compris, m'man? La guerre est finie! Joseph ira pas au front! La guerre est finie pour toujours!

BERTHA: Excite-toi donc pas comme ça! Je le sais que
la guerre est finie. C'est ce qu'ils nous répètent depuis une heure à la radio.

FLEURETTE: Et puis, t'es pas contente? T'es pas remplie
de joie?

BERTHA: C'est un peu trop loin pour moi, l'Europe...

FLEURETTE: Mais Joseph?... Il va revenir, m'man! Il va revenir avant même d'être parti! Ça va être la paix dans le monde!... Y aura plus de guerre! Y aura plus jamais de guerre!

BERTHA: Tu peux trouver ça beau mais si tu te servais de ta "jugeotte" tu penserais aussi aux désavantages que ça représente.

FLEURETTE: Mais quels désavantages? J'en vois pas m'man.

BERTHA: Ton frère Joseph que t'aimes tant... C'est quand il est parti pour Halifax qu'on a commencé à respirer à l'aise dans la maison.

FLEURETTE: C'est pas un si mauvais garçon que ça, m'man.

BERTHA: Tu verras, tu verras... Mais le pire c'est que vous allez perdre vos emplois, Marguerite et toi.

FLEURETTE: Je m'en trouverai un autre ailleurs.

Pendant qu'elle converse avec sa mère, Fleurette se passe une blouse plus fraîche et se recoiffe du mieux qu'elle peut.

BERTHA: Facile à dire... Marguerite gagnait un bon salaire à "l'avionnerie"...

FLEURETTE: Elle aussi va se débrouiller. Sois pas inquiète pour elle.

Elle fait subitement volte-face et se dirige rapidement vers la porte de la sortie.

BERTHA: Où est-ce que tu vas?

FLEURETTE: Dehors! Ils nous ont donné congé! C'est plein de monde dans les rues. Tu devrais voir comme c'est gai!... Tu devrais voir, m'man!

BERTHA: Quand je veux m'amuser je me paye une journée au Parc Belmont... Fleurette! *(Elle est déjà sortie et ne peut l'entendre.)* Laisse-toi pas tripoter par n'importe qui!

*Mais Fleurette est loin. Ennuyée Bertha éteint la radio
et se lève. Dans la rue passe madame Brochu qui revient de la ville. Des enfants la suivent et se moquent
d'elle. Dans une main elle a un "shopping bag" et dans
l'autre son parapluie.*

LES ENFANTS: Mémère Trente-sous!... Mémère Trente-
sous!...

BROCHU, *qui se retourne menaçante et lève son parapluie
en l'air:*   Tas de p'tits vauriens! Je vais vous en faire
voir, moi, des trente-sous!...

LES ENFANTS *ricanent et continuent*: Mémère Trente-
sous! Mémère Trente-sous! Vous promenez pas vos
chats aujourd'hui?

Elle fait un pas dans leur direction.

BROCHU: P'tits polissons! P'tits malélevés!... Vous devriez
être à l'école!...

*Les enfants ricanent de plus belle et s'enfuient. Pendant
ce temps Bertha est allée se poster à la fenêtre, accoudée
sur un oreiller.*

BERTHA: C'est parce que vous vous en occupez que les
enfants vous agacent comme ça, madame Brochu.

BROCHU: Je vais me plaindre à leurs parents. Je vais les
faire arrêter par la police, c'est l'école de Réforme
qu'il leur faut.

BERTHA: Pauvre vous! Si j'étais à votre place... *(Elle
n'achève pas. Voyant le sac qu'elle porte.)* Mais vous
êtes allée en ville?

BROCHU: Malheureusement, oui. Je le regrette assez!
C'est plein de fous dans les rues. On a voulu me voler
mon parapluie.

BERTHA: Si c'est rien que ça, c'est pas grave.

BROCHU: Et puis vous?... *(Se rapproche, l'oeil malicieux.)*
Votre Joseph?

BERTHA: C'est pas mon Joseph! C'est le Joseph à son
père...

BROCHU: Il va revenir!

BERTHA: Ça m'en fait un pli ça, mère Brochu!

BROCHU: C'est pourtant pas ce qui vous manque, Bertha!

BERTHA: Pardon?

BROCHU: Je dis que c'est tant mieux pour lui. Il ira pas perdre son âme en France.

BERTHA: Comme s'il avait besoin d'aller si loin pour ça.

BROCHU: Excusez-moi mais faut que j'aille nourrir mes chats.

BERTHA: Je vous retiens pas.

BROCHU: J'espère qu'on aura le plaisir...

Elle sort.

BERTHA *hausse les épaules:*   Vieille folle!...

Elle s'accoude immobile à la fenêtre pendant qu'on entend en arrière-plan la voix du marchand de fruits.

MARCHAND: On a des tomates, des radis, des concombres à vendre;
On a des oranges, des melons, des bananes à vendre;
Belles tomates? Belles oranges, madame?
C'est pas cher!... Six pour vingt cennes, les oranges...
Non?... Merci, madame.
On a des tomates, des radis, des concombres à vendre;
On a des oranges, des melons, des bananes à vendre...

Et déjà sa voix se perd lentement en même temps que tout l'éclairage diminue graduellement et qu'on entend la voix d'homme du début qui chante en arrière-plan.

Rien ne sépar' des camarades
A qui personne n'a dit merci
Et nos fusils et nos grenades
Ne nous auront jamais servi.

Tu resteras mon camarade
Et le jour où je m'en irai
Je t'écrirai une ballade
Qui chantera notre amitié.

SCÈNE II

La gare Windsor, un mois plus tard, en juin. Il est six heures trente du soir et Fleurette est seule sous la grande horloge, attendant. Derrière elle: la statue du soldat mourant que soutient un ange. Fleurette fait les cent pas, impatiente comme une petite fille déçue.

VOIX DU SPEAKER: Dernier appel pour les voyageurs en partance pour Sainte-Anne de Bellevue, Vaudreuil, Van Kleek Hill et Ottawa. All aboard, tout le monde à bord!...

Deux soldats passent, sac au dos. L'un des deux se retourne en direction de Fleurette et manifeste son admiration en sifflant. Les deux éclatent de rire, Fleurette hausse les épaules et les soldats s'éloignent. On entend leurs pas sonores sur le plancher de la gare comme on entend ceux d'autres voyageurs. Tout se tait et Fleurette se sent éperdument seule. Pour tromper son attente, elle se répète par bribes la lettre que Joseph a écrite à la famille.

VOIX DE JOSEPH: Si mon train est pas en retard, je serai à la gare Windsor vers les six heures. Je me rendrai probablement tout de suite à la maison mais attendez-moi pas. J'ai l'habitude d'arriver comme un voleur. Attendez-moi pas. C'est pas nécessaire... Vers les six heures... Vers les six heures...

La voix se perd. On entend une locomotive à vapeur qui s'éloigne. Une prostituée se promène avec nonchalance dans la gare. Fleurette lève les yeux vers la grande horloge une dernière fois et regarde s'éloigner la prostituée. Elle baisse les yeux. On entend, en arrière-plan, comme surgissant des années d'enfance de Fleurette une très douce musique de piano. Et c'est le noir total.

SCÈNE III

La musique se perd pour faire place à la voix de Bertha qui appelle sa fille avec mauvaise humeur: "Fleurette! Fleurette!" Et nous nous retrouvons chez les Latour, le même soir quelques minutes plus tard. Bertha et Marguerite finissent de desservir la table. Armand est debout et s'étire devant la fenêtre. Resté à la table, Edouard est songeur. Il bourre machinalement sa pipe. Il n'est pas très heureux de voir qu'on a desservi la table si rapidement.

BERTHA, *appelant encore*: Fleurette! Fleurette! *(Sans attendre de réponse.)* Elle s'était mis dans la tête d'aller à la gare, personne pouvait l'en empêcher. Ça promet! Qu'est-ce qu'elle va devenir plus tard? *(Fleurette est entrée dans la rue et Bertha l'appelle tout aussi machinalement, comme si elle ne faisait que ça depuis des années.)* Fleurette! Fleurette!

FLEURETTE, *qui entre dans la maison*: Oui, m'man?

BERTHA: Viens laver la vaisselle.

FLEURETTE: C'était écrit à six heures dans la lettre... Son train est arrivé, j'ai vu tout le monde descendre, tout le monde s'en aller, et puis pas de Joseph.

BERTHA: T'aurais mieux fait de rester à la table avec nous autres.

FLEURETTE: J'ai pas faim. Il passe sept heures maintenant, il viendra plus.

BERTHA, *qui hausse les épaules*: Si j'avais su, j'aurais pas fait de spécial et puis on aurait mangé dans la cuisine comme de coutume.

ARMAND, *sûr de lui*: Il est entré dans une taverne en descendant du train.

MARGUERITE, *qui acquiesce d'un petit rire en coin*: Avec lui faut toujours s'attendre à quelque chose du genre.

FLEURETTE: C'est pas vrai, je l'aurais vu! Et puis c'est peut-être pas le bon train qui est arrivé à six heures. Les trains de soldats ça arrive pas nécessairement à l'heure qu'on les attend. *(A Marguerite)* Pas vrai?

MARGUERITE, *irritée*:   Je sais pas moi! Je vois pas pour-
    quoi tu me demandes ça.

FLEURETTE, *naïvement*:   Pas besoin de te fâcher. T'en as
    déjà attendu des trains de soldats.

MARGUERITE: Dis-lui de s'arrêter, m'man!

BERTHA, *à Fleurette*:   Cesse donc d'agacer ta soeur.

FLEURETTE, *qui persiste dans son idée*:   Je dis rien de
    mal. Tout le monde sait que Marguerite a été en
    amour avec des soldats! Elle les amenait à la maison.

BERTHA: Ceux qu'elle a connus c'étaient des bons garçons.

FLEURETTE: Je dis pas le contraire non plus.

MARGUERITE: Et puis le dernier, c'était plus qu'un simple
    soldat, c'était un sergent.

FLEURETTE: C'est pour ça que je me dis... (*Cherchant à
    s'expliquer autrement.*) Pendant toute la guerre, y
    avait plein de filles dans les gares pour attendre les
    soldats.

MARGUERITE: Continue pas, sinon je sais pas ce que je
    te fais!

ARMAND: Si vous cessiez de parler de lui une minute,
    on pourrait digérer en paix.

FLEURETTE: C'est plus permis de parler de Joseph, p'pa?

*Edouard la regarde et ne répond pas. On sent cependant
qu'il est son seul allié.*

MARGUERITE: Armand et moi, on s'est efforcé d'arriver à
    l'heure... Tit-Mine voulait me voir pour une affaire
    importante, je l'ai remis à plus tard. Si j'avais su, je
    serais allée rencontrer Tit-Mine.

FLEURETTE: Tit-Mine, tu peux le voir quand tu veux,
    tandis que Joseph...

BERTHA: Tandis que Joseph est dans l'armée depuis pres-
    que trois ans et jamais il a pris une de ses permis-
    sions pour venir à la maison.

FLEURETTE: Parce qu'il était toujours loin de Montréal.

ARMAND: Longueuil c'est de l'autre côté du pont.

BERTHA: Sa famille l'a jamais intéressé. Avant de s'engager comme soldat, il passait la plupart de ses nuits dans les maisons de chambres.

EDOUARD, *d'une voix basse et contenue*: Je t'avais demandé de décorer le salon, Bertha!

BERTHA: Penses-tu que j'avais le temps?

EDOUARD: Une semaine complète; tes deux filles t'auraient aidée.

BERTHA: Marguerite se cherche un emploi et puis Fleurette travaille. Tu le sais!

FLEURETTE: Si tu m'en avais parlé, m'man...

ARMAND, *qui vient à la rescousse de Bertha*: T'es toujours sortie le soir. Tu traînes les rues...

FLEURETTE: Toujours? Pas vrai. Et puis je traîne pas les rues.

ARMAND: En tout cas! C'est pas grave. Je suis d'accord pour qu'on fête le retour de Joseph mais faut pas dépasser les bornes. Y est même pas allé de l'autre côté, je vois pas pourquoi on le recevrait comme un héros.

EDOUARD, *bas, lentement*: J'ai pensé aux décorations parce que ça fait longtemps qu'on l'a pas vu.

FLEURETTE: Et puis il s'est enrôlé! Y a pas eu peur, y a pas attendu qu'on vienne le chercher.

Armand sourit avec ironie.

MARGUERITE: Il pouvait pas faire mieux que de s'enrôler, dans le civil y avait pas de place pour lui.

FLEURETTE, *naïve et convaincue*: C'est quand même beau quelqu'un qui s'engage pour défendre son pays.

ARMAND, *qui s'y connaît un peu plus*: Pas son pays, l'Angleterre! Différence. En politique j'en connais un peu plus long que toi, ma p'tite fille.

Il se prépare à sortir.

EDOUARD: Tu sors?

ARMAND: Je vais m'absenter de la fête un moment. J'ai un client à voir. Une p'tite police sur la vie à lui vendre.

EDOUARD, *qui le regarde endosser son veston*: J'avais demandé que tout le monde soit là, Armand.

ARMAND: Je vais y être, je reviens tout de suite.

EDOUARD: Ça m'arrive pourtant pas souvent de demander
quelque chose.

ARMAND, *qui se tourne vers lui*:   Ça c'est vrai, le père.
Mais j'ai fait mon possible. J'ai suffisamment perdu
de temps.

*Et comme il se dirige vers la porte de la sortie, Joseph
dévale la pente de la ruelle à grandes enjambées et
entre en trombe dans la maison, vêtu de son costume
militaire et portant un sac bourré de bagages sur son
épaule. Le col de sa vareuse est ouvert et sa cravate
dénouée. Il porte son béret à l'arrière de sa tête, ce qui
lui donne tout de suite un caractère débraillé et revêche.
Dès qu'il l'aperçoit, Armand s'immobilise, stupéfié.*

JOSEPH *fait claquer ses talons et parodie la façon militaire
allemande de saluer*:   Heil Hitler!... (*Il éclate d'un
grand rire et lance son sac dans les bras d'Armand
qui vient tout près de tomber à la renverse.*)

ARMAND, *rire jaune et forcé*:   Si c'est pas le héros de la
famille!

JOSEPH: Salut, mon Armand!

ARMAND, *faux*:   Welcome home! Welcome home!

FLEURETTE, *qui s'est levée vivement et se jette dans les
bras de Joseph*:   Joseph! On t'attendait Joseph! On
t'attendait! Je suis même allée jusqu'à la gare. Je t'ai
pas vu. T'es un mauvais garçon!

JOSEPH, *heureux de la revoir, la serre dans ses bras en
riant*:   T'aurais pas dû, j'ai sauté du train quand il
s'est mis à ralentir près de la rue Atwater. (*Puis il l'é-
carte un peu de lui et l'examine des pieds à la tête.
Son regard s'arrête à la hauteur de sa poitrine ferme
et jeune. Il siffle d'admiration.*) C'est pas des prunes!
T'as grandi depuis que je suis parti. T'es une belle
fille!

*Fleurette rougit, sourit et baisse les yeux. Il se détache
aussitôt d'elle et va vers son père à qui il tend la main.*

Pendant ce temps Fleurette prend les bagages de Joseph et les porte à sa chambre.

JOSEPH, *généreux et avec beaucoup d'affection*: Bonsoir, p'pa!

EDOUARD, *qui contient son émotion*: On est content de te revoir mon garçon. T'as fait un bon voyage?

JOSEPH: Pas pire, sais-tu, pas pire! Le Nouveau-Brunswick a été plutôt long à traverser mais on s'est barbouillé la face au gros gin.

EDOUARD: On t'attendait un peu plus de bonne heure.

JOSEPH: J'ai pris quelques verres de bière en laissant le train. Avec des gars de mon peloton... On pouvait plus se séparer.

BERTHA: C'est bien ce qu'on a pensé.

JOSEPH: Tiens!... Je t'avais pas vue la mère!... Toujours aussi forte dans les devinettes!

Il contourne la table et va l'embrasser sur la joue d'une manière assez frustre tout en lui appliquant une tape vigoureuse sur les fesses qu'elle a d'ailleurs en évidence.

BERTHA, *vexée, porte une main à sa joue et l'autre à ses f...*: Pas nécessaire de m'arracher la peau du visage!

JOSEPH, *que cela amuse*: T'en as de reste... (*A Marguerite restée assise, qui le regarde stupidement la bouche ouverte*: Dérange-toi pas la grande, je t'embrasserai au jour de l'an.

MARGUERITE, *sourire aigre*: Je suis contente de voir que t'as pas changé.

JOSEPH: Je suis direct. J'ai toujours été direct. Je passe jamais par quatre chemins pour dire ce que je pense. Comptez pas sur moi pour les cérémonies.

EDOUARD: Tu dois avoir faim, tu vas manger un peu.

BERTHA: Même s'il reste plus grand'chose, on peut s'arranger pour...

JOSEPH, *qui la coupe*: Comme je voulais pas me retrouver devant les restes de la famille, j'ai pris une bouchée au premier Northeastern que j'ai rencontré... Je te connais assez, la mère, j'ai pas pris de chances.

Vexée, incapable de répondre, Bertha disparaît dans la cuisine.

ARMAND: M'man t'avait préparé un beau souper de fête.

JOSEPH: Dis-moi pas! Elle s'est mêlée dans son calen-
drier! Ma fête est rien qu'au mois de janvier et puis
je suis pas habitué à ce qu'on fasse du spécial quand
ça arrive.

Marguerite passe à son tour à la cuisine. Joseph s'allume une cigarette, en offre une à son père qui l'accepte et à Armand qui la refuse comme si c'était du poison. Aper- cevant ensuite Fleurette, il la pourchasse autour de la table pour s'amuser un peu.

FLEURETTE, *qui rit comme une enfant:*   T'es fou, Joseph!
T'es fou!

JOSEPH: T'es aussi agile qu'un chat, ma p'tite bonjour!...

Et Fleurette arrive nez à nez avec sa mère qui paraît dans la porte de la cuisine.

BERTHA, *autoritaire:*   Viens laver la vaisselle!

FLEURETTE: C'est ce que j'allais faire, m'man.

Elle penche la tête et entre dans la cuisine après avoir jeté un coup d'oeil complice en direction de Joseph.

BERTHA, *à Joseph:*   Excité! Tu resteras toujours aussi
excité!

JOSEPH: Et puis après, la mère!

Bertha hausse les épaules et retourne une autre fois dans sa cuisine.

JOSEPH, *qui pense déjà à autre chose:*   As-tu de la bière
sur la glace, le père? Une bonne grosse "Black Horse"
me ferait du bien.

EDOUARD: Y as-tu pensé, Armand?

ARMAND, *qui ment mal:*   J'ai complètement oublié! Mais
je peux aller à l'épicerie tout de suite si tu veux.

EDOUARD: Après sept heures les épiceries sont fermées,
tu le sais bien.

JOSEPH, *à Armand:*   Toujours Lacordaire le garçon?

ARMAND: J'ai jamais été Lacordaire, voyons!

JOSEPH: Je me souviens pas d'avoir pris un coup souvent avec toi.

ARMAND: J'ai pas besoin de boire pour faire mon chemin.

JOSEPH: Je le sais. T'es venu au monde débrouillard. Un vrai p'tit génie!... Vas-tu passer des "télégraphes" aux prochaines élections, comme la dernière fois?

EDOUARD: Si tu veux, on va trouver un autre sujet, Joseph.

ARMAND: Ce serait mieux! Et puis tu sauras que j'ai jamais passé de "télégraphes" aux élections. J'ai aidé l'organisateur du comté, rien de plus.

JOSEPH, *que cette subtilité amuse et qui persiste dans la même voie:*   Il t'a bien récompensé par exemple! Le député t'a pas oublié quand t'as reçu tes papiers militaires. Moi, j'aurais aimé assister à ton examen médical. T'as dû parader devant un p'tit docteur bedonnant, paqueté jusqu'aux dents, qui avait reçu ses ordres juste avant que tu te présentes. Y a dû roter en ouvrant la bouche et puis te déclarer impotent sur toute la ligne.

ARMAND: Ça va, Joseph, ça va. Essaie pas de jouer au plus fin parce que t'as fait ton service. T'as été dans l'armée plus que deux ans et puis t'es seulement pas revenu avec un grade de caporal.

JOSEPH: Parce que j'ai pas voulu, p'tit frère. Parce que ça m'intéressait pas de sortir des rangs et puis de gueuler des ordres en anglais devant le peloton. J'étais pas le gars pour commander à mes amis.

EDOUARD: Si tu avais voulu, tu serais devenu caporal?

JOSEPH: N'importe quel jour de la semaine. *(Il fait claquer son doigt dans sa main.)* Comme ça!

Armand sourit ironiquement.

JOSEPH: Mais c'est pas pour ça que je suis entré dans l'armée... *(Il s'assombrit.)* Je demandais pas plus que d'être "private", le père, un simple soldat comme tout le monde et puis de partir. Faire quelque chose

de mes mains. Faire quelqu'un de Joseph Latour. Ou
bien d'aller crever quelque part dans un pays que je
connais pas.

*Joseph s'est assombri un moment. Edouard et Armand
le regardent sans rien dire. Marguerite sort de la cuisine
en se limant les ongles et en faisant onduler ses hanches
avec indifférence. Joseph l'aperçoit aussitôt et ses traits
passent de la gravité à la malice. Il siffle derrière elle
comme c'était alors l'habitude de flirter une fille dans la
rue. Et Marguerite, presque mécaniquement, tourne
aussitôt la tête dans sa direction.*

JOSEPH: Tu réponds vite la grande! T'aurais fait fureur à
Halifax. Les gars étaient fous des grandes filles comme toi... T'es le genre à épingler sur le mur d'une
caserne, ou bien avec qui faire des folies... un soir en
passant.

*Furieuse, Marguerite voudrait répliquer mais en est in-
capable. Elle préfère s'enfermer dans sa chambre.*

ARMAND: T'es plus avec les voyous de l'armée.
EDOUARD: Tu devrais faire attention à ce que tu dis, Joseph.

Armand s'éloigne indigné vers la porte de sortie.

ARMAND: Je m'en vais chez mon client.
JOSEPH: C'est ça. Prends tout le temps qu'il faut mais
vole-le pas trop.

*Il éclate de son grand rire qui n'a rien de méchant.
Pour lui c'est une seconde nature de traiter les gens de
la sorte.*

ARMAND: T'aurais dû y aller de l'autre côté. Ça t'aurait
peut-être fait du bien. Ça t'aurait peut-être mis un
peu de plomb dans la tête. Soldat manqué!

*Joseph bondit sur ses jambes comme si cela l'avait at-
teint droit au coeur. Il se serait jeté sur Armand pour*

lui faire ravaler ses paroles si ce dernier n'était pas sorti
immédiatement pour s'éloigner dans la rue.

EDOUARD, *conscient du changement d'attitude de Joseph*:
Qu'est-ce que t'as, Joseph?

JOSEPH: Rien, laisse faire, le père, j'ai rien... *(Et il se*
détend quelque peu.) On s'amuse pas longtemps
dans la baraque. Je vois que c'est resté comme avant.
A part la p'tite, personne n'entend à rire... *(Et il s'as-*
seoit, pensant immédiatement à autre chose. Avec un
débordement d'amitié et d'intérêt il se penche vers
son père.) Et puis toi, le père? Comment ça va? Toujours le même métier? Toujours le même camion?

EDOUARD, *qui s'assombrit légèrement*:   Toujours, oui Joseph.

JOSEPH: Je pensais qu'avec le temps tu serais devenu
contrôleur à l'expédition.

EDOUARD: J'aime mieux travailler dehors. Je suis tout
seul et puis je me sens à mon aise. Je me compte
encore chanceux, Joseph.

JOSEPH: Bah! T'avais tout ce qu'il faut pour être un
chef. C'est parce que c'est une maudite compagnie
d'Anglais.

EDOUARD: Pour être franc avec toi, j'ai demandé deux ou
trois fois d'être promu, mais... *(Faisant dans le vide*
un geste d'impuissance.) Faut croire que j'ai pas les
capacités.

JOSEPH: Tu me racontes des peurs.

EDOUARD: Faut croire que je vieillis aussi. Que j'ai laissé
passer ma chance.

JOSEPH: Moi je les aurais sacrés là et puis je me serais
présenté ailleurs. Je continuerais pas de travailler
pour des caves. Les capacités mon oeil! Je sais que tu
les as.

EDOUARD, *qui se déride*:   Tu règles ça vite, toi Joseph!...
Mais c'est pas mon problème qui m'intéresse ce soir...

JOSEPH: Tu vas me dire que c'est le mien?

EDOUARD: C'est normal que je me fasse du souci pour

toi... Tu dois avoir fait des projets! Tu t'es pas battu,
l'armée te paiera pas de pension!

JOSEPH: J'ai pas encore pensé à ça, le père.

EDOUARD: Va falloir que tu commences à te chercher un
emploi.

JOSEPH: J'y verrai quand le moment sera venu. Dans le
temps comme dans le temps, comme on dit. Peut-être
aussi que je vais attendre la prochaine guerre. Soldat,
c'est encore ce qu'il y a de mieux. Et puis j'aurai pas
fait mon entraînement pour rien.

EDOUARD: T'aimes l'armée tant que ça?

JOSEPH: Ouais!... Je me suis aperçu tout à coup que c'é-
tait ma place, ma seule place. Je dis pas que j'étais
un bon soldat. C'est pas en mettant un costume khaki
sur le dos d'un gars que tu lui enlèves sa tête de co-
chon. Mais ça fait rien. J'ai réussi à me faire endurer,
à marcher dans le rang. J'étais le plus fort de mon
peloton, le meilleur athlète... Avant que je m'enrôle,
tu te souviens le père? J'étais pas capable de
garder un emploi, j'en voulais à tout le monde, je
faisais mal mon travail, je cassais la gueule de mes
bourgeois, j'étais jamais content de rien.

EDOUARD: T'étais pas plus bête qu'Armand, t'aurais pu
réussir aussi bien que lui.

JOSEPH: Tu vas pas recommencer avec la même p'tite
chanson! J'ai jamais tenu à imiter Armand. Qu'il fasse
sa vie, moi je fais la mienne.

EDOUARD: Des fois, je me demande comment t'es bâti,
Joseph?

JOSEPH: Moi aussi, le père, je me le suis souvent demandé. Tout ce que je peux répondre c'est que c'est toi
qui m'as fait comme ça.

*Il éclate de rire. Fleurette, qui a fini de laver la vaisselle,
sort de la cuisine.*

FLEURETTE: Sors-tu avec moi, ce soir?

JOSEPH: N'importe quel temps, mon coeur. Une invita-
tion comme celle-là c'est pas refusable. Et puis il me
reste encore quelques piastres sur ma dernière paye.

FLEURETTE: Amène-moi au parc Lafontaine écouter la fanfare.

JOSEPH: Aussitôt prête, tu me fais signe.

FLEURETTE: Je suis prête tout de suite! Viens-t'en tout de suite!

JOSEPH: Parle-moi de ça! T'es pas une fille compliquée!

Il se lève et se dirige vers elle.

FLEURETTE: C'est la première fois de·ma vie que je sors avec un soldat.

Il lui prend la taille et ils sortent de la maison.

JOSEPH, *à Edouard avant de sortir*: On se parlera un autre soir, le père!... (*A Fleurette une fois dans la rue.*) T'es pas comme la grande, tu perds pas ton temps à te farder.

FLEURETTE: J'ai seulement quinze ans, Joseph, attends que j'aie son âge.

Ils sont sortis de scène. Mi-heureux, mi-perplexe, Edouard se lève, va chercher son journal et s'asseoit dans un coin pour lire. Paraît Bertha. Elle s'essuie les mains à son tablier. Ensuite elle le dénoue et le lance dans la cuisine. Elle n'est pas d'excellente humeur. Elle essaie par tous les moyens d'attirer l'attention d'Edouard dont le silence l'exaspère davantage. N'y parvenant pas, elle s'approche de la table, décroche les panneaux des deux extrémités et les laisse se rabattre avec fracas. Edouard sursaute à chaque bruit mais continue de se taire et de lire. Bertha repousse alors la table dans un coin et remet les chaises à leur place tout en continuant de faire le plus de bruit possible. Edouard demeure immuable mais on sent que son impatience grandit. N'en pouvant plus, Bertha s'allume rageusement une cigarette et, les deux mains sur les hanches, décide d'attaquer l'ennemi de front.

BERTHA *crie*: Edouard!

EDOUARD, *sur le même ton qu'elle*: Qu'est-ce que tu me veux?

BERTHA, *tout de même surprise*:   Pas si fort, je suis pas
   sourde.

EDOUARD: Depuis cinq minutes que t'essaies de démolir
   les meubles, qu'est-ce qui te prend?

BERTHA: Tu l'as vu?

EDOUARD, *bourru*:   Qui?

BERTHA: Joseph! Ton garçon Joseph!

EDOUARD: Certain que je l'ai vu. Autant que vous autres.
   Deviens-tu folle?

BERTHA: Non, je deviens pas folle... T'es content?

EDOUARD: Qu'il soit revenu, oui. Je trouve qu'il a été
   assez longtemps parti.

BERTHA: Pas moi. Il aurait pu rester loin de la maison
   un autre trois ans, je m'en serais pas plus mal portée.

EDOUARD: C'est mon garçon.

BERTHA *crie*:   C'est le pire voyou du quartier!

EDOUARD: Je te défends de dire ça. Et puis cesse de me
   crier dans les oreilles. Ça fait seulement dix minutes
   qu'il est rentré...

BERTHA: Je suis déjà plus capable de l'endurer, Edouard!
   Il a gardé son air fendant, il rit de nous autres à notre
   nez.

EDOUARD: T'as les nerfs dérangés, essaie de te contrôler
   un peu.

BERTHA: Ça allait trop bien dans la maison. Il va recommencer à nous faire enrager à tour de rôle, à nous
   diviser.

EDOUARD, *qui se lève et pesant bien chaque mot*:   J'ai
   jamais trouvé que ça allait si bien que ça dans la maison, Bertha.

BERTHA: C'était à toi de rester veuf, il y a quinze ans.

EDOUARD: J'étais comme toi, j'avais besoin de me remarier. J'avais un garçon sur les bras et puis je me disais
   que ça lui ferait du bien d'avoir une mère.

BERTHA: Moi, c'est pour Armand et Marguerite que
   j'ai accepté, que j'ai dit oui. Sans ça...

EDOUARD: Si t'as dit oui, cesse de chiâler. Après quinze
   ans, il est trop tard pour se lamenter... Quand Fleuret-

te est venue au monde, je croyais que ça nous unirait
un peu plus. Pas une miette. Encore là, je m'étais fait
des illusions.

BERTHA: Tu peux pas dire que c'est de ma faute, Edouard!

EDOUARD: C'est peut-être de la mienne?

BERTHA: Ni de la tienne. C'est ton garçon Joseph qui a
toujours tout jeté par terre, qui s'est toujours arrangé
pour empêcher que ça aille bien.

EDOUARD: Il a été parti trois ans...

BERTHA: Le mal était déjà fait. C'est lui le responsable.
Mais t'as besoin de le prévenir, Edouard, t'as besoin
de lui parler au plus vite, parce que s'il continue
d'être aussi fendant avec nous autres, si t'es pas capable de lui enseigner un brin de politesse, je fais mes
p'tits et puis je prends la porte.

EDOUARD: Je lui parlerai, Bertha, je lui dirai.

*Elle voudrait ajouter quelque chose mais ne trouve plus
de mots, sa colère l'étouffe. Elle se dirige d'un pas énergique vers sa chambre et s'y enferme. Laissé seul, Edouard tourne en rond quelques secondes dans la pièce.
Au loin: sirènes de bateau, bruits de la ville. Edouard
s'immobilise écoute vaguement, puis hausse les épaules
comme s'il voulait oublier la scène qui vient de se pro-
duire. On sonne à la porte d'entrée. C'est Tit-Mine, ci-
gare au bec, chapeau sur les yeux. Comme Edouard se
dirige lentement vers la porte pour ouvrir, Marguerite
sort rapidement de sa chambre toute pomponnée et vêtue d'une robe aux couleurs vives. Elle fait un peu
poule. Elle se hâte de façon à répondre à la porte avant
Edouard.*

MARGUERITE: C'est pour moi! C'est Tit-Mine, b'soir p'pa.

EDOUARD *fait un signe de tête désintéressé:*   B'soir...

*Marguerite est sortie précipitamment de la maison pour
se retrouver dans la rue, face à Tit-Mine.*

MAGUERITE: Allo Tit-Mine!

TIT-MINE *la regarde comme il faut:*   Ouais... C'est pas

trop mal réussi. Toujours dans les mêmes dispositions?

MARGUERITE, *qui ne veut pas répondre directement*: Où est-ce que tu m'emmènes?

TIT-MINE: Dans des clubs chics où tu t'ennuieras pas... Les deux Américains dont je t'ai parlé, m'ont demandé d'organiser leurs loisirs cette nuit.

MARGUERITE: Je te suis.

TIT-MINE: Tu pars avec moi mais ça veut pas dire que tu vas revenir avec moi. C'est bien entendu.

MARGUERITE: On va parler de ça ailleurs qu'ici.

TIT-MINE: Mais c'est bien entendu?

MARGUERITE: Oui, Tit-Mine, oui. Du moment que je reviendrai pas les mains vides. Je veux bien me priver de toi mais à condition que ce soit pour quelque chose.

TIT-MINE: Sois pas inquiète. Avec moi, sois jamais inquiète, chérie.

Elle va s'éloigner vers la droite mais Tit-Mine l'entraîne dans la direction opposée.

TIT-MINE: Ma Plymouth est dans l'autre rue.

Ils sortent. Edouard, lui, a eu le temps de bourrer sa pipe et de l'allumer. Il traverse la pièce et sort de la maison au moment où on entend la voiture de Tit-Mine qui démarre. Lentement il s'asseoit dans les marches du perron pour se reposer un peu. Dans la nuit du faubourg, une voix d'homme chante. Un couple d'amoureux passe dans la rue, des chats miaulent et rêvent dans les arrière-cours.

C'est par les soirs d'été
Que les roses fleurissent
Mais il faut pas pleurer
Lorsqu'elles se flétrissent

Les fill's sont comme roses
Fragiles et rebelles

Ne soyez pas moroses
Si ell's sont infidèles

Elles cherchent l'amour
Et ne trouvent que larmes
Et c'est jour après jour
Qu'elles perdent leurs charmes

*Tout est noir. Une petite musique de carrousel ou de
parc d'amusement succède à la chanson.*

SCÈNE IV

*Quand la lumière revient la musique de carrousel s'étiole
progressivement et nous sommes transportés au parc Lafontaine sur le pont des amoureux. En arrière-plan: la
fontaine lumineuse. C'est le même soir, il est environ dix
heures. Paraissent Joseph et Fleurette accompagnés de
Tournevis un grand mince, et de Pitou, un gros court, et
de quelques autres comparses que Joseph vient de retrouver. Il était leur chef avant de s'engager dans l'armée
et il a tout de suite reconquis son prestige auprès d'eux.
Il est magnifique et débraillé dans son costume militaire.*

JOSEPH: Tournevis, t'es un traître! *(Il le frappe à l'é-
paule.)* T'es passé du côté de Latreille!

TOURNEVIS: C'est pas vrai! Demande à Pitou. On suivait
Latreille mais rien qu'en attendant.

PITOU: Latreille voulait pas de lui mais Tournevis a tout
fait pour devenir son esclave.

JOSEPH: Je le savais, c'est dans son style.

TOURNEVIS, *à Pitou:*   T'as toujours été avec moi, Pitou.
A partir du moment où on a déserté.

JOSEPH: De toutes façons, c'est pas grave. Je viens de
régler le cas de Latreille. C'est pas lui qui va faire la
loi demain dans le parc.

PITOU: Maintenant que t'es revenu, toute la bande va te
suivre, Joseph.

JOSEPH: Toi aussi Tournevis? *(Il le frappe à l'autre épaule.)*

TOURNEVIS: N'importe où, Joseph... Depuis le soir où je t'ai vu te battre contre cinq autres gars et puis gagner la bataille, je connais personne qui peut prendre ta place.

JOSEPH: Dans l'armée, il m'en est arrivé des pires que ça. Quand j'étais à Berlin...

FLEURETTE, *sur un ton de doux reproche*: Joseph!

JOSEPH: Laisse-moi faire. J'ai le goût de raconter des histoires.

FLEURETTE: Même des histoires pas vraies?

JOSEPH: Toutes sortes d'histoires! Ils me croient toujours. Pas vrai, Pitou?

PITOU: Ah! Oui c'est vrai!

JOSEPH: Hein Tournevis?

TOURNEVIS: C'est vrai certain.

JOSEPH: A Berlin, j'en ai vues des vertes puis des pas mûres. D'abord faut que je vous dise que je me suis laissé faire prisonnier par les Allemands.

FLEURETTE: Ça, Joseph...

JOSEPH: Dis pas un mot la p'tite, gâte pas mon plaisir.

FLEURETTE: Moi, ça m'est égal, raconte n'importe quel mensonge, si ça t'amuse.

JOSEPH: J'étais donc à Berlin. Je voulais voir le Furhër. *(Prononcer "fureur")* Adolphe pour les intimes. Hitler pour les autres. Il venait de se faire sauter la fiole. Ça fait que j'ai demandé à rencontrer ses esclaves, Goebels et Goering. J'avais deux ou trois mots à leur dire dans ma langue à moi. Mais j'ai pas eu plus de chance. Quand ils ont su que j'étais là, ils sont disparus à leur tour.

TOURNEVIS: Ils avaient entendu parler de toi, certain!

PITOU: Ils te connaissaient de réputation.

JOSEPH: Je sais pas trop ce qui leur a pris mais c'est là que la guerre a fini.

TOURNEVIS ET D'AUTRES *chantent*: "Il a gagné ses épau-

lettes!"... ou: "Le Régiment de Sambre et Meuse"...
ou: "Le rêve passe"...

JOSEPH: Vos gueules, bande de caves!

Tous se taisent.

FLEURETTE: Ils t'admirent, Joseph.

JOSEPH: C'est pas ça qui me rend heureux, la p'tite... Le
parc a changé depuis que je suis parti. On dirait qu'il
a rapètissé. La fontaine pisse pas aussi haut qu'avant.

PITOU: Chante-nous quelque chose avant que la fanfare
recommence à jouer.

TOURNEVIS: Une chanson de l'armée.

JOSEPH: J'en connais pas mal de nouvelles mais c'est pas
pour les enfants.

FLEURETTE: J'écouterai pas, je te le promets.

JOSEPH: Ferme-toi les oreilles comme il faut parce que
ça parle d'amour.

TOURNEVIS: Depuis que toute la paroisse sait que le curé
couche avec la présidente des enfants de Marie, la
morale est pas mal sur le cul.

PITOU: Le curé aussi. Et puis les jeunes filles vieillissent
un peu plus vite qu'avant.

JOSEPH: Si vous voulez que je chante, fermez-vous!

TOURNEVIS: On t'écoute, Joseph!

PITOU: On parlait pour parler, comme ça...

JOSEPH: C'est une chanson qui est à mon répertoire
depuis pas trop longtemps. Le gars qui l'a composée
était dans le même peloton que moi, il venait d'avoir
une peine d'amour. Un de ses amis l'avait traité de
cocu et puis ça l'avait mis en maudit. Ça commence
comme ça... *(Il chante.)*

> T'as pas besoin d'chercher longtemps
> Pour trouver chaussur' à ton pied
> Profit' d'la vie pendant qu'c'est l'temps
> Tu peux rien fair' du temps passé
>
> Si tu veux la fill' du voisin
> Oublie donc la délicatesse

Les bonn's manièr's ça donne rien
Mets-lui tout d'suit' ta main aux f...

T'as pas besoin d'courir longtemps
Pour te trouver un' bonn' couchette
Pour un soldat c'est le printemps
De fair' l'amour dans les violettes.

*Tous rient et se délectent de la chanson. Pendant que
Joseph chantait, Ronald est entré en scène et, tout en
restant à l'écart du groupe, reluque Fleurette avec intérêt. Mais celle-ci ne s'en aperçoit pas encore.*

TOURNEVIS: Si tu la chantais dans un programme d'amateurs, tu gagnerais le premier prix.

PITOU: Garanti. C'est parfait ça Joseph. C'est numéro un.

JOSEPH: J'aime pas les amateurs...*(En arrière-plan la
fanfare commence à jouer le God Save the King.)*
Mais ma foi du Saint-Sépulcre! c'est le God save the
King que la fanfare joue là!

TOURNEVIS: En plein ça.

PITOU: Tous les soirs, le concert finit par le God Save
the King.

JOSEPH: C'est une mauvaise habitude à prendre. Faut
changer ça. *(A Fleurette.)* Attends-moi, mon coeur,
on va leur faire jouer un tango. *(A Tournevis.)* Trouve une bouteille vide, remplis-la d'eau dans le lac.
(A Pitou.) Toi, ramasse des cailloux! A partir de tout
de suite je deviens le chef d'orchestre. Suivez-moi, on
va rire. *(A Fleurette.)* Bouge pas de là, toi!

Ils sortent.

FLEURETTE: Joseph! Qu'est-ce que tu fais?

*Ils sont déjà trop loin. Ronald s'approche sensiblement
de Fleurette.*

RONALD: Bon... bonsoir, mademoiselle.

FLEURETTE, *très agressive*:   Qu'est-ce que vous me voulez?

RONALD, *intimidé*: Rien... Rien, seulement parler.

FLEURETTE: Je parle pas aux garçons que je connais pas.

RONALD, *qui s'approche de plus près*: On pourrait se connaître... Un beau soir d'été comme ça... je sais pas mais vous devriez avoir confiance!

Il va poser son bras sur son épaule.

FLEURETTE, *qui s'écarte farouchement de lui*: Touchez-moi pas! Sinon j'appelle mon frère Joseph.

RONALD: Correct, correct!... Le monde est rempli de belles filles comme vous.

FLEURETTE: Profitez-en alors! Allez voir ailleurs.

RONALD: Vous me le direz pas deux fois.

Mais il ne bouge pas. Fleurette qui regardait dans la direction où est parti Joseph fait volte-face et se retrouve nez à nez avec Ronald, convaincue qu'il s'était déjà éloigné.

FLEURETTE: Qu'est-ce que vous attendez pour partir?

RONALD: Je m'en vais, je pars!... Mais je vous reverrai... Je sais où vous restez, je vous ai déjà suivie un soir.

FLEURETTE: Les garçons m'intéressent pas.

RONALD: Faut pas dire ça trop vite... Je suis certain qu'on se retrouvera.

Il s'éloigne et sort. On entend la fanfare qui commence à fausser et très vite c'est la débandade musicale. L'orchestre en vient finalement à s'arrêter tout à fait.

FLEURETTE, *d'abord inquiète*: Joseph!... Qu'est-ce qu'il fait, mon Dieu?... Joseph! La police va t'arrêter!... Joseph! (*Puis n'en pouvant plus, elle éclate de rire. Elle rit peut-être comme elle n'a jamais ri. Puis brusquement elle s'arrête. Et quand l'orchestre s'est tu complètement, on entend la petite musique de carrousel qui revient en arrière-plan.*) Joseph!... Pourquoi t'agis comme ça, Joseph?... (*Elle a presque les larmes aux yeux.*) Espèce de grand fou, va!

Et lentement, le rideau descend. C'est la fin du premier acte.

DEUXIÈME ACTE

DEUXIEME ACTE

SCÈNE V

Deux mois plus tard, le soir vers sept heures trente. Une chorale d'enfants chante le Tantum Ergo à l'église. D'autres enfants jouent aux voleurs dans la rue. Ils se tirent des coups de pistolets de bois, ils tombent, ils meurent, ils se relèvent et ils repartent. Paraît Bertha qui vient s'appuyer sur son oreiller à la fenêtre. Entre la mère Brochu qui revient de l'église. Elle va passer tout droit sans saluer Bertha mais cette dernière l'arrête.

BERTHA: Sauvez-vous pas si vite, mère Brochu.

BROCHU: J'aimerais pouvoir vous parler, Bertha, mais après le deuil qui m'a frappée...

BERTHA: Quel deuil, mère Brochu? Qu'est-ce qui vous est encore arrivé?

BROCHU: Faites pas semblant de l'ignorer. Tout le quartier est au courant.

BERTHA: Je peux pas connaître toutes les nouvelles, je suis pas une tireuse de cartes.

BROCHU: Même quand c'est votre garçon qui...

BERTHA: Armand?

BROCHU: Non, l'autre, le grand fainéant, votre Joseph.

BERTHA: Je vous ai déjà dit que c'était pas mon Joseph. Que c'était rien que la moitié de mon fils.

BROCHU: Je suis certaine que c'est lui qui m'a fait ce coup-là.

BERTHA: Mais quel coup?

BROCHU: Mes deux plus beaux chats. Les deux que j'ai-
mais le plus. *(Elle se signe.)* Il les a noyés dans l'eau
bouillante pour amuser les enfants de la rue.

BERTHA, *qui aurait quand même envie de rire*:   C'est pas
vrai, mère Brochu?

BROCHU: Je mettrais ma main dans le feu que c'est lui.

BERTHA: Il est revenu depuis deux mois et puis c'est tout
ce qu'il a réussi à faire, des mauvais coups, des salope-
ries à tout le monde. On peut pas dire que l'armée l'a
aidé celui-là.

BROCHU: L'armée ça aide personne en dehors des offi-
ciers. Et puis je sais ce que je dis: mon défunt mari
a été soldat en quatorze dix-huit.

BERTHA: Faites dire une messe, mère Brochu.

BROCHU: A qui?

BERTHA: A vos deux chats.

BROCHU: Vous savez bien que l'Eglise catholique s'occupe pas de l'âme des animaux!... *(Elle est vexée.)*
Protestante!

Et elle sort.

BERTHA, *qui lui rend l'injure*:   Rongeuse de balustres!
*Bertha hausse les épaules et fixe le vide immobile. La
mère Brochu reparaît subrepticement.*

BROCHU: Ça sentira le brûlé quand le diable vous fera
chauffer en enfer.

Et elle sort immédiatement comme une petite souris.

BERTHA: L'enfer!... *(Elle hausse les épaules.)*

*On entend la voïx du marchand de glace qui passe en
arrière-plan. Sur la passerelle du haut paraît Fleurette
qui peigne ses cheveux et qui rêve dans le soir. Elle et
Bertha ne se voient pas.*

MARCHAND: D'la glace madame,
                Un gros morceau pour vous...
                Un p'tit trente sous pour moi.

                D'la glace madame,
                Un gros morceau pour vous...
                Un p'tit trente sous pour moi.

Et sa voix se perd pendant que l'éclairage s'éteint et qu'on entend un train qui passe au loin.

SCÈNE VI

Le même soir, quelques heures plus tard. Nous retrouvons Joseph dans le "grill" où il a pris l'habitude d'aller. Une musique de "jitterbug" de l'époque nous parvient de la salle de danse. Joseph est assis à une table en compagnie de Dolorès. A part eux, il n'y a qu'un client anonyme, un jeune matelot qui boit de la bière dans un coin. De temps à autre il jette un coup d'oeil prudent, mais rempli de convoitise, à la compagne de Joseph. A remarquer que Joseph, maintenant vêtu en civil, porte quand même la vareuse de son uniforme militaire.

JOSEPH: J'étais dans l'infanterie. J'ai passé deux ans au front. Et puis je peux te dire une chose, bébé...

DOLORÈS: Appelle-moi Dolorès...

JOSEPH, *conscient du manège du jeune matelot*: Je peux te dire une chose, Dolorès: c'est pas drôle la guerre, c'est pas drôle une miette. J'étais à Dieppe, j'ai vu mourir des gars à côté de moi. Ils tombaient comme des mouches... *(Il se retourne vivement pour surprendre l'oeillade que lance le marin à Dolorès. Il l'apostrophe.)* Si tu continues de te dévisser le cou comme ça, tu vas te retrouver avec un torticolis et puis ça c'est pas bon quand on est dans la marine, t'es plus capable de regarder dans le périscope ensuite. Bois dans ton verre et puis mets pas ton nez dans ma tale, correct ?... *(A Dolorès.)* Le connais-tu ?

DOLORÈS: Non. Continue ton histoire, mon minou.

JOSEPH: Je disais donc que c'était pas beau à voir... J'étais en train d'enterrer un de mes amis quand tout à coup je reçois une balle dans le côté... *(Dolorès lui prend la main avec compassion. Entre Emile dans le "grill." Il va se diriger vers la seule table libre quand*

il reconnaît Joseph. Il s'approche alors derrière lui.
Juste assez près pour entendre la conversation. Mais
Dolorès et Joseph sont trop pris pour se rendre comp-
te de sa présence.) Ça m'a comme brûlé. Un autre
serait tombé sur le dos, mais pas moi, je suis resté
debout. Plus tard, si t'es fine avec moi, je te mon-
trerai ma cicatrice.

DOLORÈS: Tu peux être certain que je vais être fine,
mon minou.

JOSEPH: Je saignais comme un boeuf à l'abattoir. Mais
ça fait rien, j'avais pas envie de mourir comme un
rat. Je me suis raidi, j'ai ramassé une mitrailleuse
qui traînait pas loin et puis là, les Allemands y ont
goûté. Mais qu'est-ce que tu veux? A Dieppe, on
n'avait pas de chance, c'est une affaire qui avait été
organisée par les Anglais.

Emile éclate soudainement de rire à la surprise de
Dolorès et de Joseph qui tournent aussitôt la tête dans
sa direction. Emile est vêtu à la mode des "zoot suits"
de l'époque. Aussitôt Joseph le reconnaît.

JOSEPH, *avec l'émotion de la surprise:*   Emile!... Qu'est-ce
que tu fais là ?

EMILE: Je t'écoutais raconter ton histoire, Chrysosthô-
me! Je trouvais ça beau. Avec de la musique de
violon, ça m'aurait fait chiâler.

JOSEPH: Tu vas t'asseoir, tu vas t'asseoir, Emile, ça fait
tellement longtemps que je t'ai vu!

EMILE: Je veux pas te déranger, t'es avec un beau bébé.

JOSEPH: T'es fou! Tu me déranges pas... Dolorès! Tu
reviendras un autre soir, je finirai de te raconter comment ça s'est passé à Dieppe.

DOLORÈS: Je peux rester avec vous deux, je dérangerai
pas. Tu m'avais promis de... Ta cicatrice...

JOSEPH: Laisse faire la cicatrice, bébé, fais-toi rare, dé-
guise-toi en courant d'air.

DOLORÈS: Faut avoir du front tout le tour de la tête pour
me parler comme ça.

JOSEPH: Fais ce que je t'ai dit. J'aime pas me répéter.

DOLORÈS: Essaye plus jamais de me revoir.

Elle se lève et sort.

EMILE: C'est dommage de laisser partir un beau bébé
comme ça.

*Le jeune matelot s'est levé précipitamment pour suivre
Dolorès.*

JOSEPH, *indiquant le marin qui sort*:   Je suis pas en peine
pour elle.

EMILE, *qui s'asseoit*:   C'est comme ça que tu les trôles
maintenant?

JOSEPH: Pas toujours. Des fois je change d'hameçon...
Quand je suis revenu d'Halifax, y a quelqu'un qui m'a
traité de soldat manqué. Je me suis dit : quant à être
un soldat manqué je vais l'être jusqu'au bout.

EMILE: C'était pas mal beau de t'entendre. J'avais l'im-
pression que c'était une histoire vécue.

JOSEPH, *appelant*:   Waiter !... Moi-même je finis par me
croire. Des soirs je me trouve tellement triste que je
chiâle dans mon verre, Emile !...

*Et il éclate de rire. Entre le garçon de table qui s'ap-
proche d'eux.*

JOSEPH: Qu'est-ce que tu bois ?

EMILE: Un rye.

JOSEPH: Même chose pour moi.

EMILE: Pas d'eau, seulement de la glace. Sur le ciment.

*Le garçon grimace, ramasse verres et bouteilles vides
sur la table puis s'éloigne.*

JOSEPH: Ça fait des années, Emile, des années !

EMILE: J'ai bougé depuis que t'es enrôlé.

JOSEPH: Qu'est-ce que t'as fait au juste quand je t'ai
perdu de vue ?

EMILE: De l'argent, Chrysostôme! De l'argent! J'en ai fait et puis j'en ai perdu.

Le garçon apporte les deux ryes et va s'éloigner.

EMILE, *au garçon:*   It's on me!

Le garçon acquiesce avant de sortir. Le "jitterbug" a fait place à un blues de l'époque ou à une chanson sentimentale, genre: "As time goes by".

EMILE, *levant son verre:*   Au colonel Joseph Latour, tombé au champ d'honneur.

Ils trinquent et vident leur verre d'un trait.

EMILE: Waiter!... *(Il dépose son verre à l'envers sur la table.)*

JOSEPH, *écoeuré:*   De l'eau bénite! Ça goûte rien.

Le garçon reparaît et s'approche d'eux.

EMILE: Same thing... Make it fast!

JOSEPH: Make it double!

Le garçon ramasse leurs verres vides et sort.

JOSEPH: Ça me fait plaisir de voir que t'as pas changé. Tu prends un coup solide!

EMILE: C'est avec toi que j'ai pris ma première vraie "brosse".

JOSEPH: Du train qu'on s'en va là, on est relancé pour quarante-huit heures. *(Lui tape amicalement dans le dos.)* Parle-moi de ça.

Entre le garçon qui les sert.

JOSEPH, *au garçon:*   It's on me.

Le garçon acquiesce et sort. Les deux amis tendent la main vers leur verre mais ne boivent pas tout de suite.

EMILE: Ouais... Moi aussi je me serais enrôlé Joseph, j'avais le goût de te suivre. Mais l'armée voulait pas de moi.

JOSEPH: Je me suis toujours demandé pourquoi.

EMILE: Les pieds plats, daltonien... *(Joseph éclate de son grand rire.)* Ris pas de mes infirmités, Chrysostôme !

JOSEPH: Moi, ils m'ont classé numéro un tout de suite.

EMILE: Quand j'ai vu qu'ils me refusaient, j'ai décidé de profiter du temps de la guerre pour faire de l'argent.

JOSEPH: T'es pas le seul.

EMILE: J'ai vendu des boîtes de beurre et puis des coupons de rationnement sur le marché noir. La nuit, je déchaussais des autos et puis je revendais les pneus le lendemain. J'avais des bons tuyaux, je faisais partie d'une bonne organisation.

JOSEPH: Autrement dit, t'étais un maudit voleur !

EMILE: Fallait que je vive Chrysostôme ! J'aurais une p'tite fortune aujourd'hui si j'avais pas tout flambé à la barbotte.

JOSEPH: Moi, je serais peut-être quelqu'un si les Alliés avaient attendu encore un peu avant de gagner la guerre. Je serais allé là-bas, de l'autre côté, et puis je serais peut-être jamais revenu. Un gars qui se bat à la guerre, c'est un gars qui gagne pas sa vie comme tout le monde, qui fait quelque chose de spécial. Tu peux lui donner un nom, c'est un gars qui a une raison de vivre...

EMILE: Tu te prenais pour le Major Triquet ? Tu voulais recevoir la Croix Victoria ?

JOSEPH: C'était pas les grades, c'était pas pour les décorations, Emile.

EMILE: Tu te prenais pour Jeanne d'Arc ! T'aurais délivré la France ?

JOSEPH, *comme s'il ne l'entendait pas*: Regarde-moi, Emile, regarde-moi ! J'ai jamais rien fait de bon dans ma vie. J'ai jamais été autre chose qu'un voyou. J'avais une chance devant moi tout à coup, ma première chance, je l'ai manquée. Je suis resté ce que j'étais : un voyou, un bon-à-rien.

EMILE: Y a tellement de contradictions dans ta vie, Jo-

seph... En quarante-deux, rappelle-toi, t'étais contre
la conscription, tu voulais pas te battre pour le Roi
d'Angleterre et puis t'as été pris dans une émeute au
marché Saint-Jacques, t'as passé une semaine en prison... Quand t'entendais parler du monde libre, ça te
faisait rire, tu jurais que tu serais déserteur, je t'ai vu
provoquer des gars de la gendarmerie royale, et puis
tout à coup, personne a su pourquoi, tu t'es enrôlé.

JOSEPH: J'étais contre la conscription, Emile, parce que
le Québec avait voté contre au plébiscite. Puis après,
quand je me suis enrôlé, c'est pas pour le roi d'Angleterre que je serais allé me battre, c'est pour moi-
même, pour moi tout seul. Mais depuis que je suis
haut comme ça, je sais pas ce qui joue contre moi, je
réussis jamais rien.

EMILE: Un gars comme toi, Joseph, un gars qui gagne
sa vie comme soldat, un gars qui tue du monde par
métier, on appelle ça un mercenaire.

JOSEPH: Fais-moi rire avec tes grands mots. Moi, je
savais ce que je voulais, c'est tout !... Ah ! Puis je me
sacre de tout ça maintenant, je vis au jour le jour et
puis je me sacre de tout le monde. Ce soir, je m'amuse, Emile, et puis j'aime autant plus penser à rien.

*On entend l'orchestre qui se relance dans une musique
de "jitterbug." Entrent deux filles qui viennent s'asseoir
à une table près de celle de Joseph et d'Emile. Joseph
les suit un moment des yeux puis ramène son attention
à Emile qui lui parle.*

EMILE: Sais-tu ce que je suis devenu aujourd'hui, Joseph ?

JOSEPH: T'es pas mal habillé, tu dois travailler dans une
banque.

EMILE, *dégoûté*:   Non. Je suis collecteur pour une compagnie de finance. Mais c'est seulement temporaire
par exemple. Je cherche à me lancer en affaire, à me
trouver une p'tite business aussi payante que le marché noir.

*Le garçon dépose deux bières sur la table des jeunes
filles et s'en va.*

JOSEPH: Moi, je cherche rien. Du moment qu'un gars
est logé-nourri, il a tout ce qu'il faut... Il se débrouille
pour se trouver quelques piastres de temps en temps
et puis il prend son coup quand ça fait son affaire...
L'assurance-chômage c'est pas là pour rien !... Un
jour, peut-être que je me placerai les pieds une fois
pour toutes, on sait jamais.

EMILE: Tu pourras pas continuer longtemps comme ça,
Joseph.

JOSEPH: Je suis démobilisé depuis deux mois et puis je
me suis arrangé comme ça jusqu'aujourd'hui.

EMILE: Tu devrais voir Tit-Mine, il te trouverait un
emploi.

JOSEPH: J'ai pas besoin de Tit-Mine.

EMILE: Il vend des chars usagés, il fait de l'argent comme de l'eau.

JOSEPH: J'endure pas les ramasseurs d'épaves. Parce
que c'est tout ce qu'il est Tit-Mine : un ramasseur
d'épaves. Il achète de la vieille ferraille et puis il s'occupe de ma sœur Marguerite... J'ai pas besoin de
lui. J'aime pas les bandits, j'aime pas les gars de la
pègre.

EMILE: Il fait pas partie de la pègre.

JOSEPH: Réveille-toi, Emile. Y a au moins dix filles
qui travaillent pour lui dans des "grills" que je connais.

EMILE: Peut-être mais ça te regarde pas, toi !

JOSEPH: Je travaillerai jamais pour Tit-Mine, j'ai pas
besoin de son argent... Ah ! puis on n'est pas pour
moisir ici, Emile ! Qu'est-ce que tu dirais si on se
faisait aller dans le milieu de la place ? Y a deux
femmes à côté qui demanderaient pas mieux.

EMILE: Va leur en parler.

Joseph se lève et va vers les filles.

JOSEPH: Moi ça me fait de la peine quand je vois deux
          beaux p'tits coeurs s'ennuyer comme ça... *(A la plus
          jolie.)* Viens me montrer si tu sais danser le jitter-
          bug !
LA FILLE: C'est ma dansè préférée.
JOSEPH: Tant mieux. Mais t'as besoin d'avoir des bon-
          nes jambes si tu veux me suivre.

*Elle se lève et commence déjà à prendre le rythme de
la musique.*

JOSEPH: T'as le "swing". Si ça te le dit on va aller sur
          le grand plancher !

*Il l'entraîne vers la salle de danse. Emile va vers l'autre
et l'invite d'un signe de tête. Elle accepte et le suit. La
musique devient très forte et le noir se fait sur la scène.*

SCÈNE VII

*Le lendemain après-midi, vers cinq heures. Quand la
lumière revient sur scène, nous sommes chez les Latour.
A la musique de jitterbug de la scène précédente, succède une chanson populaire de l'époque : "We must
remember this", par les "Ink Spots". Assise au milieu de
la pièce, Bertha se berce en écoutant la radio. Marguerite sort de sa chambre, vêtue d'un tailleur aux couleurs
assez sobres. Elle porte une valise. Elle se dirige vers
le miroir, dépose sa valise par terre et commence à se
coiffer. Bertha l'observe à la dérobée, avec une certaine
émotion dans les yeux. Sur la passerelle du haut, paraît
Tit-Mine qui se promène lentement. Il attend Marguerite, parfois il regarde l'heure à sa montre. Visage totalement indifférent. Avec les femmes, il fait des affaires.
Point.*

BERTHA: T'es déjà prête?

MARGUERITE: Oui, m'man. *(Elle ouvre son sac et y laisse tomber son peigne.)* Ça me fait de quoi de te laisser toute seule, mais fallait que ça se produise un jour ou l'autre.

BERTHA: Quand tu m'as annoncé hier que tu partais vivre en chambre, j'ai eu pas mal de peine.

MARGUERITE, *au bord des larmes*:   Je recommence à travailler demain!... Ma chambre est située tout près du bureau, ça va être commode.

BERTHA: Ma fille Marguerite secrétaire! Jamais j'aurais cru ça.

MARGUERITE: Tu trouves que je suis pas assez intelligente?

BERTHA: J'ai toujours pensé que ça prenait de l'instruction pour devenir secrétaire.

MARGUERITE: Mon nouveau patron m'a dit que j'apprendrais vite... Et puis le salaire va être bon. Meilleur qu'à l'avionnerie.

BERTHA: Je te blâme pas d'en profiter, du moment que tu continues de mener une bonne vie.

MARGUERITE: Penses-tu que je pourrais devenir une fille de mauvaises moeurs?

BERTHA, *qui ment*:   Pas une miette, voyons!

MARGUERITE: J'ai besoin de tout mon courage, m'man.

BERTHA: Si c'est une chance qui s'offre à toi, ma p'tite fille, manque-la pas! Ton bonheur c'est toi qui le fais. Moi, si ma vie était à recommencer, j'y penserais deux fois... Ma vie... Je suis encore bonne d'appeler ça une vie. J'aurais jamais dû me remarier. Je l'ai fait parce que je voulais pas être obligée de laver des planchers d'un bord à l'autre de la ville; je l'ai fait pour être capable de vous faire vivre, Armand et toi... J'ai accroché le premier veuf qui m'est tombé sur la main et puis vas-y donc!... Il m'a rien donné. A part Fleurette, rien... Pour les enfants, sont toujours là. Pour sortir leur femme, les habiller comme du monde, tu peux attendre, tu peux courir ton mille... Tu vieillis, t'engraisses, les enfants t'insultent dans la

rue, mais t'as pas les moyens de te défendre... Même
si tu voulais te défendre, tu sais d'avance que c'est
inutile. T'es pas plus qu'un chien, tu vis comme un
chien et puis tu meurs comme un chien. Je te le
dis, Marguerite, laisse-toi pas prendre comme moi.

MARGUERITE: T'as pas besoin d'avoir peur, je suis "pré-
cautionneuse".

BERTHA: Si t'as l'idée de te marier un jour, penses-y
comme il faut. Marie pas un propre-à-rien... Un garçon comme Tit-Mine, ça c'est un monsieur. Toujours
bien habillé, toujours poli quand on le rencontre.
Il va aller loin aussi.

MARGUERITE: Je vais te laisser, m'man. *(Elle l'embrasse.
Bertha se lève et tourne le bouton de la radio.)* Je
vais partir avant que les autres arrivent.

BERTHA: Qu'est-ce que c'est le nom de la compagnie
où tu vas travailler?

MARGUERITE: Le nom te dira rien, c'est pas encore connu.

BERTHA: Tu me laisses pas ta nouvelle adresse?

MARGUERITE, *qui va ramasser sa valise*:   Je te la don-
nerai un autre jour.

BERTHA: Si j'avais ton âge, Marguerite, je ferais comme
toi, moi aussi. Je ferais n'importe quoi pour pas
continuer à vivre avec la famille Latour.

MARGUERITE: C'est rien que Joseph que je pouvais plus
endurer.

BERTHA: Lui, son chien est pas mal mort. Ça fait plus
que deux mois qu'on le fait vivre, c'est assez.

*Marguerite s'éloigne vers la porte. Tit-Mine quitte
la passerelle et disparaît.*

BERTHA: Marguerite!

MARGUERITE: Qu'est-ce que tu me veux encore? Laisse-
moi donc m'en aller que ça finisse.

BERTHA: Je veux seulement te demander si tu vas me
rendre une p'tite visite de temps en temps?

MARGUERITE: Oui, m'man... Je viendrai des fois... Et
puis je t'apporterai des cadeaux... *(Klaxon d'une voiture dans le voisinage.)* Faut que je parte, m'man.

Elle sort suivie de Bertha qui la reconduit jusqu'à l'extérieur.

MARGUERITE: Bonjour, m'man.

Marguerite s'éloigne et disparaît. Portière d'auto qui se ferme et moteur qui démarre. Paraît Armand, intrigué, regardant en direction de la voiture qui s'éloigne.

ARMAND: Comment ça va, m'man?

BERTHA: Bonsoir Armand! *(Elle éprouve de la difficulté à contenir son chagrin.)* T'as passé une bonne journée?

ARMAND: Non. *(Il entre dans la maison suivi de Bertha.)* J'avais des clients importants à rencontrer, mais j'ai raté mon coup. *(Il enlève son veston, ouvre sa serviette, y prend des papiers et s'asseoit à la table pour travailler.)* Qu'est-ce que tu veux? Quand on se fait réveiller au beau milieu de la nuit par deux ivrognes comme Emile et Joseph qui viennent se planter juste devant la maison pour gueuler leurs chansons malpropres, on manque légèrement d'entrain au travail le lendemain.

BERTHA: J'ai demandé à Edouard de se lever pour les faire taire. Y a seulement pas bougé.

ARMAND: Maintenant que Joseph a retrouvé son ami Emile, on va en entendre des belles! Ça va être pire que jamais!

BERTHA: Marguerite est partie... Elle avait le coeur gros.

ARMAND: Je l'ai vue passer dans l'auto de Tit-Mine. J'espère que c'est vrai son histoire de secrétaire.

BERTHA: Marguerite est pas menteuse, voyons!... Si tu partais à ton tour, je sais pas ce que je deviendrais toute seule.

ARMAND: Je partirai pas, m'man, je vais rester avec toi. J'aime pas les filles d'abord, puis je saurais pas comment me débrouiller si je vivais tout seul... Seulement, j'ai pris une décision aujourd'hui! Ou bien Jo-

seph se trouve un emploi et paye sa pension comme Fleurette et moi, ou bien on s'arrange pour que
son père le jette dehors.

BERTHA: Je suis de ton côté, Armand; depuis son retour, j'attends rien que ça.

ARMAND: On a été trop bon pour lui. Va falloir qu'il
apprenne à nous remettre ça. J'en ai assez de travailler comme un nègre pour nourrir un paresseux
de son espèce.

BERTHA: Attends que son père arrive, je vais lui parler
comme je lui ai jamais parlé.

ARMAND: Tu me laisseras faire, m'man. Toi, il t'écoute
plus. Tandis que moi, je connais les arguments qu'il
faut employer pour le réveiller.

BERTHA: Comme tu voudras, Armand.

*Et Bertha s'allume une cigarette alors qu'Armand se
met au travail. Paraît Edouard du côté gauche de la
rue. Il marche lentement. Il a l'air soucieux et il a
vieilli quelque-peu. Il entre dans la maison. Il enlève
son veston qu'il suspend à un clou puis relève ses
manches de chemise tout en se dirigeant vers la cuisine. Il n'a pas dit "bonsoir" à sa femme ni à Armand
qui l'observent depuis son entrée.*

ARMAND: T'es pas venu avec ton camion, ce soir? Je
t'ai pas entendu l'entrer dans la cour.

EDOUARD, *distrait, met un temps avant de répondre*:
Non... Ils me l'ont pas laissé... Ils l'ont gardé pour
l'inspecter.

*Et il entre dans la cuisine pour se laver les mains. Ar-
mand et Bertha ne comprennent pas trop son attitude.*

ARMAND, *à Bertha*: Il a l'air drôle.

BERTHA: C'est son air de tous les jours depuis quelques
semaines. Il parle pas. Il pense à autre chose. On
dirait qu'on n'existe plus pour lui.

ARMAND: Le problème de Joseph doit le tracasser autant
que nous autres, mais il est trop orgueilleux pour
l'avouer...

Paraît Fleurette qui revient de son travail. Elle s'attarde quelque peu à jouer à la marelle dans la rue puis rentre dans la maison.

FLEURETTE: B'soir, m'man, Joseph est pas ici?

BERTHA: Non. L'après-midi, il traîne dans les tavernes jusqu'au soir. Le soir il se déménage dans les "grills" et puis les maisons de chambres. La vie de pacha quoi! Et puis tu devrais le savoir, ça fait assez long-temps que ça dure.

ARMAND: Sans compter que tu l'encourages à mener cette vie-là en lui prêtant de l'argent.

BERTHA: Qu'il te remettra jamais.

FLEURETTE: Il m'a promis qu'il me le remettrait.

ARMAND: Comment veux-tu qu'il te le remette ma pau-vre p'tite fille? Il travaille pas, il gagne rien.

FLEURETTE: Je le sais pas moi, je lui fais confiance, c'est tout!

Et elle disparaît en direction de sa chambre alors qu'E-douard sort de la cuisine, tenant une bouteille de bière capuchonnée d'un verre dans une main. De l'au-tre main il ramasse le journal qu'Armand a déposé sur la table, s'asseoit, se verse à boire et commence à lire.

EDOUARD, *les yeux dans son journal, avec autorité mais sans hausser la voix*: Bertha! C'est l'heure de pré-parer le souper!

BERTHA, *qui bondit sur ses jambes*: Avant de préparer le souper, on a des problèmes de famille à régler.

EDOUARD: On les réglera après le souper.

BERTHA: On a décidé, Armand et moi, que c'était tout de suite.

EDOUARD, *en colère*: C'est Armand qui est le maître dans la maison! Depuis quand?

BERTHA: Ça devrait être lui puisque t'es pas capable de prendre tes responsabilités.

EDOUARD: Mes responsabilités, je les prendrai le moment venu.

ARMAND: Justement, le père, le moment est venu.

BERTHA: Marguerite vient de partir de la maison. Peut-être qu'elle serait restée si t'avais réglé le cas de Joseph plus vite.

EDOUARD: Mêle pas les cartes, Bertha. Si Marguerite a sacré le camp c'est parce qu'elle le voulait. Tu sais aussi bien que moi qu'elle se plaisait pas avec nous autres. Même avant que Joseph soit démobilisé.

BERTHA: Elle serait peut-être restée plus longtemps.

EDOUARD: Peut-être, mais je veux pas le savoir. Qu'elle aille son chemin toute seule maintenant.

ARMAND: On va laisser Marguerite de côté, le père. Le vrai problème est là quand même. Le vrai problème c'est Joseph.

EDOUARD, se lève, sombre et pesant bien ses mots: Le problème de Joseph, je vais le régler ce soir. Il va se trouver du travail ou bien je le mets dehors. Je vais l'attendre jusqu'à demain matin s'il le faut. Tant qu'il sera pas rentré!... Jusque-là, je veux pas en entendre parler!

Armand et Bertha le regardent bouche bée tandis qu'il sort respirer l'air sur le perron. L'éclairage diminue lentement dans la maison et dans la rue et on entend une voix de femme qui chante une sorte de mélopée presque sourde d'angoisse.

A ceux qui cherchent des châteaux
A ceux qui aiment trop la vie
A ceux qui rêvent de bateaux
A ceux qui cherchent le paradis
A ceux qui traînent sur la terre
Leurs pieds blessés par les épines
A ceux qui courent des chimères
Dans les rues mortes de la ville
Je dis qu'un jour leurs yeux d'étoiles
Ne verront plus les grandes îles
A jamais couvertes de voiles
Et qu'ils se fermeront dociles
Sur un avenir sans lendemain
Sur un amour où tout est vain

SCÈNE VIII

*Le même jour, vers neuf heures du soir. Même décor.
Bertha et Fleurette sont assises dehors. Bertha dans
la chaise à berceaux et Fleurette sur les marches du
perron. Edouard, lui, lit son journal dans le living-room.
Mais l'éclairage, pour le moment, porte surtout sur les
deux femmes. Bruits de la ville au loin. Son grêle
d'une cloche d'église.*

FLEURETTE: Pourquoi que tu me forces à rester ici,
m'man?

BERTHA: J'en ai perdue une aujourd'hui, c'est assez.

FLEURETTE: C'est pas de ma faute si Marguerite a
laissé la maison.

BERTHA: Je dis pas ça non plus.

FLEURETTE: Si c'est pas de ma faute, laisse-moi libre
d'aller où je veux.

BERTHA: T'es pas capable de rester avec moi un peu?

FLEURETTE: J'avais promis à Fred que j'irais aux vues
avec lui.

BERTHA: Un voyou, je suppose? La première chose
qu'on sait avec les filles d'aujourd'hui, c'est... c'est...
(Elle n'ose pas le dire, elle ne sait pas comment.) En
tout cas! Je me comprends.

FLEURETTE: Fred m'attend, m'man.

BERTHA: Laisse-le attendre. T'iras aux vues un autre
soir. J'ai bien attendu, moi! J'ai attendu toute ma vie.

FLEURETTE: Qu'est-ce que t'as ce soir?

BERTHA, *pour elle-même*: Toutes les femmes ont besoin
d'être heureuses. Si ça leur prend un peu d'argent,
ça se trouve. Y a toujours moyen. C'est ce qu'elle a
compris, Marguerite.

FLEURETTE: Oui, m'man, je vais rester avec toi. Mais
cesse de dire des choses que je comprends pas.

BERTHA, *gauchement*: L'aimes-tu ta mère?

FLEURETTE: J'aime ma mère, j'aime mon père, j'aime le
curé, j'aime le bon Dieu, j'aime la famille, j'aime
tout le monde; tu le sais bien!

BERTHA:　Mais ta mère, l'aimes-tu? *(La brusquant.)* Réponds! Réponds!

FLEURETTE:　Pas si fort, toute la rue nous regarde.

BERTHA:　Puis après! Réponds à ma question.

FLEURETTE:　Certain que je t'aime, certain que je t'aime!... Pourquoi que je t'aimerais pas?... *(Rire de Joseph en coulisse.)* Tiens! V'là Joseph! Il va me raconter des histoires.

BERTHA, *qui hausse les épaules*:　Des histoires de fainéant! Des histoires sales de bon-à-rien.

JOSEPH, *paraît dans la rue. Il parle en direction de la coulisse à quelqu'un d'invisible*:　Comment ça va, Henri?

VOIX D'HENRI:　Ça marche.

JOSEPH, *s'est arrêté pour continuer son dialogue*:　Toujours pompier?

VOIX D'HENRI:　Ouais.

JOSEPH:　Continue. Tu vas finir en haut de l'échelle... *(Et il laisse entendre son grand rire qui se répercute dans toute la rue. A Fleurette.)* Bonsoir mon ange, tu prends le frais?

FLEURETTE:　Je respire l'air du trottoir, comme ça je peux pas commettre de péchés.

Bertha la rabroue.

JOSEPH:　A l'ombre de ta mère, t'es correcte. Tu coures pas de danger.

FLEURETTE *se lève pour le suivre dans la maison*:　Je suis contente que t'arrives de bonne heure, on va pouvoir faire nos comptes.

BERTHA:　Non. Reste ici, toi. Edouard veut être tout seul avec lui.

JOSEPH:　On m'a organisé une p'tite réception?

BERTHA:　Rentre, tu vas le savoir.

JOSEPH, *à Fleurette*:　On réglera nos comptes quand le père m'aura parlé.

Il entre. Fleurette se rasseoit avec regret.

BERTHA:　Reste avec moi, un peu, tu vas voir quelle sorte de vie je mène, moi.

FLEURETTE: Correct, m'man, correct.

Pendant que l'éclairage baisse sur les deux femmes, la lumière du living-room s'intensifie. Joseph a eu le temps d'entrer. Il a vu son père et il se tient bien droit devant lui. Edouard lève les yeux au-dessus de son journal et regarde Joseph bien en face. Il laisse tomber le journal par terre et se lève.

JOSEPH: Paraît que tu veux me parler?... La grosse Bertha vient de me dire ça.

EDOUARD: Sois respectueux pour ta mère!

JOSEPH: Ma belle-mère!

EDOUARD: Je sais que t'as jamais voulu l'accepter!... Oui, je veux te parler, assieds-toi.

JOSEPH: Dans l'armée, on restait debout quand un officier nous engueulait.

EDOUARD: Je suis pas un officier, puis t'es plus dans l'armée.

JOSEPH: Je vais rester debout quand même!

EDOUARD: Okay, continue de faire à ta tête! Mais t'en as plus pour longtemps à me braver.

JOSEPH: Je te brave pas, le père, je...

EDOUARD *le coupe*: Oui, tu braves! C'est ce que t'as fait toute ta vie: braver tout le monde. Mais ça va finir ce soir, tu me comprends?

JOSEPH: Pas nécessaire de me parler si fort, je suis pas sourd.

EDOUARD: Je te donne à choisir: tu te trouves un emploi demain, sans ça tu remets plus les pieds dans la maison.

JOSEPH: T'es comme moi, t'es un gars direct. Mais tu devrais savoir, le père, qu'un gars comme moi ça prend plus que des mots pour le faire avancer... La dernière année que je suis allé à l'école, y ont tout essayé pour me faire obéir. Les sermons, la courroie, les coups de règle sur les jointures! Y ont pas réussi. Ils voulaient me forcer à apprendre mais moi, je voulais plus apprendre.

EDOUARD: T'es plus à l'école non plus. Si tu veux rester
avec nous autres, tu vas être obligé de prendre les
moyens. Tout le monde en a assez de travailler
comme des forçats pour nourrir un fainéant de ton
espèce, rien que bon à faire un fou de lui dans les
"grills" et les tavernes. Aujourd'hui, Marguerite est
partie de la maison pour aller se loger ailleurs et
puis ça c'est un peu de ta faute!

JOSEPH *rit cyniquement*:   Tu les as crus, le père?

EDOUARD: Ris-moi pas au visage quand je te parle sérieusement!

JOSEPH: Ça doit faire pas mal de temps que la mère
et Armand te montent contre moi, t'es rouge comme
une tomate.

EDOUARD: Laisse la mère et Armand tranquilles. J'ai
pas besoin d'eux autres pour prendre mes responsabilités.

JOSEPH: Okay, le père, okay. Je me fatigue vite des
discussions, moi... Quelle sorte d'emploi tu veux que
je me trouve? Dans quoi tu penses que je suis capable de travailler?

EDOUARD, *qui s'apaise*:   Assieds-toi, on va en parler tran-
quillement.

JOSEPH: Perds pas de temps, par exemple! J'ai jamais
aimé les sermons.

*Il s'asseoit sur une chaise de façon à appuyer ses avant-
bras sur le dossier. Le père s'asseoit aussi.*

EDOUARD: C'est pas moi qui vais te trouver du travail,
je suis pas capable. C'est à toi de t'ouvrir les yeux.
Regarde autour un peu. Tu vas t'apercevoir que la
guerre a apporté de la prospérité au pays. De l'argent,
des bons emplois, y en a comme y en a jamais eus!
Armand s'est placé correct, Marguerite aussi. Tous
les deux ont pas tellement plus d'instruction que toi.
Faut que tu te dépêches de prendre ta part par
exemple, ça durera pas longtemps comme ça. On
peut se réveiller un bon matin en pleine crise, comme

en dix-neuf cent trente! Moi, ça me surprendrait pas
une miette!

JOSEPH: Tu m'as pas dit dans quoi tu voulais que je
travaille!

EDOUARD: Le commerce, Joseph, le commerce! C'est
ce qu'il y a de plus solide. Regarde toutes les nouvelles "business" qui s'ouvrent en ville. Essaie-toi
dans la vente ou bien lance-toi dans les affaires.

JOSEPH: Quelles affaires?

EDOUARD, *qui s'impatiente*: N'importe quelles! C'est à toi
de choisir.

JOSEPH: Moi, je suis comme toi, le père... J'ai pas la
bosse des affaires. Je suis bon rien qu'avec mes mains.

EDOUARD, *la gorge serrée*: T'es en retard. Des mains, ça
sert de moins en moins. Les grosses compagnies les
remplacent par des machines.

JOSEPH: Mais toi, le père, t'as ta situation, t'as ton camion, t'es correct! Un camion, ça prend des mains
pour le conduire. Tu gagnes un salaire raisonnable
aussi!

EDOUARD: C'est à voir, Joseph.

JOSEPH: Essaie pas de me faire croire que la guerre t'a
pas profité comme aux autres!

EDOUARD: Y en a qui sont moins chanceux... Des p'tits
salariés, il va toujours en rester. C'est pour ça que je
voudrais que tu te lances et que tu réussisses.

JOSEPH, *qui se lève*: Mais, ouvre-toi donc les yeux, toi
aussi! Je sais rien faire, j'ai jamais rien appris! La
"business", les chiffres, le commerce, je connais rien
là-dedans. Tout ce que j'ai, je te le répète, c'est mes
deux mains. Rien que ça, le père, pas d'autres choses...
Tu veux que je travaille? Parfait! Tu veux que je
gagne mon pain? T'as raison! Mais demande-moi
pas de faire ce que je suis pas capable!...

EDOUARD: T'aurais rien qu'à vouloir, pourtant, rien qu'à
vouloir!

JOSEPH: Ecoute! J'ai une idée, le père... Es-tu encore
tout seul sur ton camion?

EDOUARD *hésite, puis*: Oui.

JOSEPH: T'as besoin de quelqu'un pour t'aider. Tu leur
dis que t'as besoin de quelqu'un pour t'aider et puis
tu me prends avec toi... Ça, je pourrais l'accepter en
attendant.

EDOUARD: En attendant quoi?

JOSEPH: Je sais pas! En attendant n'importe quoi!... Je
partirais avec toi et puis on aurait du plaisir ensemble... Quand tu serais fatigué, tu me passerais le
volant et puis c'est moi qui conduirais.

*Edouard le regarde, vaincu, essaie de parler mais en
est incapable.*

JOSEPH: Réponds! Dis quelque chose!

EDOUARD: C'est pas possible, Joseph.

JOSEPH: As-tu honte de moi? Hein? As-tu honte de
moi?

EDOUARD: Non, Joseph. C'est pas ça.

JOSEPH: Pourquoi que tu veux pas, d'abord? Pourquoi
que tu leur en parles pas aux gars de la compagnie?

EDOUARD, *acculé au pied du mur, se lève:*   Parce que!...
Parce que depuis aujourd'hui, je l'ai plus mon camion.

JOSEPH: Quoi?

EDOUARD: J'ai passé un examen médical, la semaine
dernière. Ce matin, j'ai eu le résultat... Ils m'ont dit
que j'avais plus le coeur assez bon.

JOSEPH: Sont fous!

EDOUARD: Demain matin, je me présente à l'expédition.

JOSEPH: Une promotion?

Edouard le regarde et ne répond pas.

JOSEPH: Ils t'ont pas donné de promotion?

EDOUARD *fait "non" de la tête:*   ...A partir de demain matin, je colle des étiquettes sur la marchandise à expé-
dier.

JOSEPH: Tu leur as pas cassé la gueule, le père? Tu
leur as pas cassé la gueule?

EDOUARD: Tu l'aurais fait, toi?

JOSEPH: Tu peux être sûr que je les aurais démolis!

EDOUARD: T'approches pas la soixantaine.

JOSEPH: Voyons, le père! T'es solide comme une montagne! *(Il lui applique une solide droite sur l'épaule. Le père bouge pas.)* Tu vois? Tu vois? Et puis ils t'ont enlevé ton camion les maudits cochons! Ils t'ont enlevé ton camion? Tout ce qu'ils ont réussi à faire de toi en trente ans, c'est un colleur d'étiquettes? Rien de plus? Une fois que tu leur as donné tes meilleures années?

EDOUARD: Je m'en sacre! Du moment qu'ils m'ont pas jeté dehors, je suis content... Prends les choses comme moi, Joseph. Essaie de te soumettre un peu. T'as pas la tête à Papineau, c'est correct, mais tu peux faire quelque chose... Enlève ton "battle-dress", ça fait des mois que tu traînes avec ça... Enlève ta vareuse, remonte tes manches de chemise, fais quelque chose!... Toi, t'es jeune, ta vie commence... moi, je la recommencerai plus jamais.

C'est au tour de Joseph de le regarder et de ne pas répondre.

EDOUARD, *qui attend désespérément une réponse*:   Joseph!... *(Presque suppliant.)* J'attends ta réponse, Joseph! Faut que tu choisisses!

JOSEPH, *sec*:   Je verrai.

Et d'un pas énergique, il va s'enfermer dans sa chambre. A demi-vaincu, Edouard piétine pitoyablement sur place, puis s'assoit lentement dans un fauteuil comme un homme qui vient de vieillir de cinq ans. L'éclairage diminue dans la pièce pour s'intensifier dans la rue. Les deux femmes sont toujours là. Bertha est aux aguets, penchée du côté de la porte comme quelqu'un qui écoute. Elle se redresse soudain.

BERTHA: On n'entend plus rien. *(Elle se lève.)* Edouard a dû manquer son coup. Y a rien à faire avec un fou semblable.

Et elle entre dans la maison. Fleurette reste seule sur le perron.

BERTHA, *déjà rendue près d'Edouard dans le living-room*:
Tu l'as décidé?

Edouard la regarde et ne répond pas.

BERTHA: Réponds-moi quand je te parle! Je te demande
si tu l'as décidé?

EDOUARD: Je sais pas, Bertha, je sais pas.

BERTHA: Tu nous avais promis avant le souper.

EDOUARD: Je vous avais promis, c'est vrai, mais dans
le moment je sais plus trop où on s'en va tout le
monde ensemble.

*La porte de chambre des garçons s'ouvre et Joseph pa-
raît vêtu d'un veston sport, sa vareuse de soldat à la
main. Il regarde Edouard et Bertha en silence, traverse
le living-room et va suspendre sa vareuse khaki à un
clou. Puis il se tourne vers son père.*

JOSEPH: Pour toi, je vais essayer, le père... Je vais aller
voir Tit-Mine. Paraît qu'y a besoin de quelqu'un pour
vendre des chars usagés.

*Et il sort, laissant Bertha à sa surprise et Edouard à
son émotion. L'éclairage se porte surtout sur la porte
de sortie. Fleurette se lève comme Joseph paraît. Il lui
caresse les cheveux de la main et s'éloigne dans la rue.*

FLEURETTE, *l'appelant*:   Joseph!... Joseph!...

*Et nous avons ainsi trois personnages debout, postés
à différents endroits du décor, qui regardent ensemble
dans la même direction. Pendant que les lumières
s'éteignent sur les personnages qui sont restés en
scène, on entend une voix d'homme qui chante.*

Ne croyez pas que c'est facile
De dire adieu à son enfance
Et de choisir la vie tranquille
De ceux qui croient aux convenances

Mais chacun doit un jour se dire
Que si c'était beau de rêver
Il faut aussi cesser de rire
Adieu printemps, passe l'été

SCÈNE IX

Un mois plus tard, l'après-midi. Des enfants reviennent
de l'école et passent dans la rue. Ils s'arrêtent devant
la maison des Latour pour jouer à la marelle. Une pe-
tite fille danse à la corde. Un train passe et on entend la
voix d'homme qui continue de chanter.

Adieu printemps, passe l'été
Car il faut travailler pour vivre
Et c'est l'automne après l'été
Quand l'amour meurt, les homm's s'enivrent

Et c'est l'automne après l'été
Chacun son petit coin du monde
Va à l'école, va travailler
Adieu l'amour, adieu ma blonde

Les enfants sortent en courant et riant. La mère Brochu
qui entrait risque de se faire renverser. On entend les
enfants qui crient: "Enlève-toi du chemin, mémère
Trente-Sous".

BROCHU: Sainte mère du ciel, j'espère que ces enfants
    seront damnés un jour.

Puis elle continue sa route dans la rue pour arriver face
à face avec Bertha.

BERTHA: Bonjour bonjour, mère Brochu.
BROCHU: Bonjour Bertha.
BERTHA: Beau temps pour se promener!
BROCHU: J'ai pas remarqué, j'arrive de l'église!
BERTHA: C'est pas péché de lever la tête au ciel.
BROCHU, *qui regarde rapidement le ciel:*   Il va pleuvoir
    cette nuit.
BERTHA: Un vrai oiseau de malheur!
BROCHU: Et puis votre demi-Joseph? Il a fini par se
    caser?

BERTHA: Il était temps! Il vivait au crochet de tout le monde. Mais depuis un mois, il s'est complètement transformé. Je touche du bois tous les jours.

BROCHU: Faudrait le convaincre d'aller à la messe le dimanche maintenant! Il peut pas continuer à vivre en mécréant comme ça.

BERTHA: Du moment qu'il travaille comme les autres, j'en demande pas plus. Edouard non plus.

BROCHU: Vous vous préoccupez pas plus que ça du salut de son âme?

BERTHA: J'ai assez de la mienne à m'occuper.

BROCHU: Vous, c'est pas pareil, vous êtes certaine d'être sauvée.

BERTHA: Merci bien.

BROCHU: Je vais quand même continuer de prier pour vous, pour toute votre famille et puis pour la conversion de Joseph.

BERTHA: Si la paroisse vous avait pas, c'est comme rien, on se retrouverait tout le monde chez le diable!

BROCHU: Après mes chats, c'est mon prochain qui m'inquiète le plus. Bonjour Bertha.

BERTHA: Bonjour, mère Brochu.

La mère Brochu s'est éloignée. Bertha s'en va vers sa maison.

BERTHA: Je me demande bien quand est-ce qu'elle va crever celle-là.

Les lumières s'éteignent. Musique de "grill" dans le noir.

SCÈNE X

Le soir du même jour. Quand la lumière revient nous sommes dans le "grill". Joseph est assis, seul à une table, et boit. Dans un coin plus sombre, un couple d'amoureux anonymes. Joseph porte toujours son veston sport et une cravate. Pour respirer plus à l'aise, il l'a dénouée quelque peu. Il boit plutôt tristement et

*s'amuse à faire des ronds avec son verre sur la table
quand il le dépose et le relève. Entre Emile affublé
d'un costume de conducteur de tramway. Il s'asseoit
face à Joseph qui le regarde dégoûté.*

ÉMILE: J'ai pas eu le temps de me changer, Chrysostôme! J'ai été obligé de faire du temps supplémentaire.

JOSEPH: T'as l'air fin, habillé comme ça! T'es-tu rendu
jusqu'au terminus toujours?

ÉMILE: J'ai failli dérailler trois fois mais je me suis
rendu... *(Au garçon qui vient de paraître.)* Deux
"Black". Pas trop froides ! Fait pas chaud dehors.

JOSEPH, *au garçon, pour préciser:*   Sur la tablette!

*Le garçon acquiesce et sort. Emile enlève son casque
et le dépose sur la table.*

JOSEPH: C'est bien pour dire comment c'est fait! Toi,
sur les p'tits chars: "dépliez vos correspondances,
avancez en arrière" et puis moi dans les "bazous":
"Un char de même, monsieur, qui a juste soixante
mille milles de faits, c'est bon pour la vie..." C'est là
qu'on est rendu, Emile.

*Le garçon reparaît, apportant les deux bouteilles. Il les
dépose sur la table et sort.*

JOSEPH: Des fois, je me dis qu'on n'est pas fait pour
rester en place, nous autres. Qu'on a besoin de
bouger... Je te garantis, moi, que je moisirai pas longtemps à vendre des chars de seconde main.

ÉMILE: Je te comprends.

JOSEPH: C'est juste si je convaincs pas les clients qu'ils
sont brûlés. La plupart des "bazous" que j'ai à leur
offrir sont plus serviables; les moteurs sont complètement finis. Tit-Mine, lui, y en profite. Il sait que
les autos sont encore rares... Moi, j'appelle ça du vol,
du vrai vol. Mais je suis mal pris, faut que je vende
si je veux être payé!

ÉMILE: Aussitôt que je vais pouvoir m'ouvrir une business payante, je vais lâcher la Montreal Tramway.

JOSEPH: Trouve-la ta maudite business, trouve-la!

ÉMILE: Donne-moi une chance, Chrysostôme!... Du temps de la guerre...

JOSEPH: Du temps de la guerre, toi puis moi on était correct, on était à notre affaire... Mais ça m'a lair que c'est fini pour vrai, ce temps-là... Je laisserais Tit-Mine n'importe quel jour de la semaine pour m'embarquer avec toi si tu trouvais quelque chose. Tit-Mine, plus ça va, moins je suis capable de le voir. Ça fait rien qu'un mois que je travaille pour lui, mais on dirait que ça fait un an. Des fois, je le regarde et j'ai seulement envie d'y fesser dedans.

ÉMILE: Retiens-toi, Joseph! C'est un gars dangereux. T'es aussi bien de l'avoir avec toi que contre toi.

Le couple d'amoureux s'est levé pour sortir. Joseph suit la fille des yeux jusqu'à ce qu'elle disparaisse.

JOSEPH: Si je pouvais tomber en amour, ça me tranquilliserait peut-être! Mais, me vois-tu en père de famille? *(Il éclate de rire presque désespérément.)* Me vois-tu, Emile?

ÉMILE: Ça pourrait t'arriver. Tu sais jamais quand est-ce que tu vas te faire accrocher.

JOSEPH: Ah non! Pas moi, pas moi! Je suis pas encore mûr pour ça!... Je suis mûr pour sacrer mon camp de Montréal, Emile! Ouais!... Pourquoi qu'on va pas se faire de l'argent dans les mines quelque part?

ÉMILE: Quelles mines?

JOSEPH: N'importe quelles! C'est le mois de septembre! Y a pas de meilleur temps pour se mettre sur le chemin le pouce en l'air.

ÉMILE: Continue pas, Joseph! La Montreal Tramway va perdre un joueur demain matin!

Entre Tit-Mine en compagnie de Dolorès. Ils vont s'asseoir à une table vide, ne faisant aucun cas de Joseph. Ce dernier et son ami Emile les ont suivis des yeux jusqu'à ce qu'ils s'asseoient.

JOSEPH: Tu pourrais regarder le monde, Tit-Mine!

TIT-MINE *tourne la tête lentement vers Joseph. D'une voix sans timbre*:   Salut!

Le garçon entre et s'approche de la table de Tit-Mine. Il s'enquiert de ce que Tit-Mine et Dolorès veulent boire.

JOSEPH, *pendant ce temps*:   La reconnais-tu?

ÉMILE: Me semble que oui.

JOSEPH: Dolorès. Une fille que je suis sorti avec. Le soir que je t'ai revu, Emile!

ÉMILE: Je m'en souviens, je m'en souviens!

JOSEPH: Pour moi Tit-Mine doit lui chanter la pomme. Une autre qui va lui donner un pourcentage! Je te gagerais n'importe quoi que ça va finir comme ça.

Le garçon de table sort.

JOSEPH, *fort*:   Raconte-lui des histoires de guerre, Tit-Mine, Dolorès aime ça.

TIT-MINE, *méprisant*:   Bois dans ton verre, Latour. On n'a jamais gardé les cochons ensemble.

Joseph va bondir mais Emile le retient aussitôt.

ÉMILE: Fais pas le fou, Joseph! T'es bien mieux de rester tranquille.

Entre le garçon qui vient servir Tit-Mine et Dolorès.

JOSEPH: Des gars comme lui, j'en prendrais dix en même temps.

ÉMILE: C'est ton patron, Joseph.

JOSEPH: Ça le sera pas longtemps.

Le garçon sort. Joseph se lève.

ÉMILE, *qui veut le retenir mais trop tard*:   Joseph!

JOSEPH, *qui s'approche de la table de Tit-Mine*:   Tu travailles tout le temps, toi, Tit-Mine, t'arrêtes pas!... *(A Dolorès.)* Tu pourrais me dire bonsoir, beauté...

(Elle ne lui répond même pas.) T'es pas contente de me voir?

TIT-MINE: Va t'asseoir, Latour. Tu nous déranges.

JOSEPH: Quand ma journée de travail est finie, je reçois même pas d'ordres de mon père. *(A Dolorès.)* Sais-tu que t'embellis, Dolorès? *(Il lui prend le menton.)* Tu te peintures un peu plus, ça doit être pour ça. *(Elle lui enlève brusquement la main.)* T'es devenue farouche!

TIT-MINE: D'habitude, je répète pas deux fois la même chose, Joseph.

JOSEPH: On est des connaissances, Tit-Mine, on peut se parler. Tout d'un coup que la p'tite saurait pas au juste ce que tu lui veux, je pourrais lui expliquer.

ÉMILE, *qui se lève*:   Viens t'asseoir, Joseph. Viens finir ton verre.

TIT-MINE: A ta place, j'écouterais les conseils d'Emile. Ce qu'il dit est plein de bon sens. Si tu l'écoutes pas, tu vas te réveiller demain matin sans travail devant toi.

JOSEPH *lui éclate de rire au visage*:   Et puis qu'est-ce que tu veux que ça me fasse, Tit-Mine? Je disais justement à Emile, y a pas deux minutes, que j'étais écoeuré de travailler pour un maudit voleur comme toi.

TIT-MINE, *qui se lève, comme éjecté de son siège*:   Fais attention à ce que tu dis, Latour.

JOSEPH, *très simplement, sans changer de ton*:   C'est pas vrai que t'es un maudit voleur?

TIT-MINE: Retire ça tout de suite!

JOSEPH: C'est pas dans mes habitudes de retirer ce que je dis.

TIT-MINE: Quand t'es venu à moi, un soir. t'étais rien qu'un "tout-nu", rien qu'un voyou. Souviens-toi donc de ça.

JOSEPH, *qui le saisit au collet mais ne hausse pas la voix*:   Un "tout-nu" c'est vrai, un voyou, c'est vrai, mais pas un maudit voleur. *(Le secoue violemment tout à coup.)* Je suis écoeuré de ta "business", *Tit-Mine,* ça m'intéresse plus de gagner ma vie à travailler pour un écoeurant comme toi. *(Et il le repousse loin de lui. Tit-Mine reprend son équilibre juste au moment où il va s'écraser parmi les chaises. Joseph se tourne alors vers Dolorès.)* Si tu laisses pas ce gars-là tout de suite, tu sais ce qui va t'arriver, beauté? *(Elle se lève et ne l'écoute pas. Joseph est furieux.)* Je vais te le dire, moi! *(Elle s'éloigne.)* Tu veux pas le savoir? *(Elle sort.)* Ecoute-moi, Dolorès, écoute-moi!...

TIT-MINE, *avant de sortir, après avoir resserré le noeud de sa cravate:*   On se retrouvera, Latour.

Et il sort.

JOSEPH, *qui se retourne vers Emile:*   Tu vois, Emile? Tu vois? Tu vois? C'est réglé!

ÉMILE: T'aurais pas dû te le mettre à dos, Joseph, t'aurais pas dû.

JOSEPH: Il te reste juste à débarquer des "p'tits chars". Après, le pays est à nous autres. C'est grand le Canada, tu peux pas savoir comme c'est grand!

Il boit son verre de bière d'un trait.

JOSEPH: Et puis faut pas attendre. Une fois que c'est là... *(Il indique sa tête.)* Faut pas attendre, ça donne rien.

Emile penche la tête. On sent que pour lui la décision est plus difficile à prendre. Joseph quitte le "grill" après avoir déposé son verre sur la table. Emile s'aperçoit soudainement qu'il est seul et se lève pour sortir. Il revient sur ses pas pour prendre sa casquette qu'il oubliait sur la table. Il va s'éloigner de nouveau, mais se ravise, regarde attentivement sa casquette et décide de la lancer avec dédain dans un coin du "grill". Et il sort vraiment. Une voix d'homme chante.

A ceux qui cherchent des châteaux
A ceux qui rêvent de bateaux
A ceux qui courent des chimères
A ceux qui traînent sur la terre
Leurs pieds blessés par les épines
A ceux qui vont de ville en ville
Cherchant une femme à aimer
Cherchant un corsage à froisser
Je dis qu'un jour leurs yeux d'étoiles
Seront cousus comme des voiles
Car la vie voyez-vous mes amis
N'aura jamais rien d'autre à leur offrir
Que les cordes brisées d'une guitare éteinte
Que le souffle rompu d'une dernière étreinte

SCÈNE XI

*Le lendemain matin chez les Latour. Il est entre sept
et huit heures. Dehors, c'est un jour gris, un jour morne.
Edouard sort de la cuisine pour passer au living-room;
il n'est pas d'excellente humeur.*

EDOUARD: Je déjeunerai un autre jour!

*Il va décrocher son veston et sa casquette suspendus
à un clou puis se prépare à sortir. Bertha paraît sous
l'arche qui sépare la cuisine du living-room. Elle non
plus n'est pas d'excellente humeur.*

BERTHA: T'oublies ton lunch!

EDOUARD *revient sur ses pas et prend le petit paquet de
sandwiches enveloppées dans un sac de papier brun
que Bertha lui tend:*   Merci.

Il va s'en retourner mais Bertha l'interpelle de nouveau.

BERTHA: Edouard!
EDOUARD: Qu'est-ce que tu me veux?
BERTHA: Y est encore rentré aux p'tites heures du ma-
tin!

EDOUARD: Je le sais, il m'a réveillé.

ARMAND, *qui vient de passer de la cuisine au living-room.*
Il va prendre son veston et son manteau de pluie sus-
pendus à un clou: Il s'imagine peut-être qu'on n'a
pas besoin de sommeil! J'ai jamais vu un gars faire
tant de bruit quand il rentre!

EDOUARD, *violemment:*   Cessez de me parler de lui, j'en
ai par-dessus la tête. Vous vouliez qu'il travaille, il
s'est casé du mieux qu'il a pu. Maintenant...

BERTHA, *qui le coupe:*   Maintenant, il va apprendre que
la maison est pas un hôtel.

FLEURETTE, *sur le seuil de la cuisine, une tasse de café*
à la main: Le café est prêt, papa. Prends-en une
tasse avant de partir.

EDOUARD: J'en veux pas. C'était à vous autres de le
préparer plus vite.

FLEURETTE: Partir l'estomac creux, c'est pas bon.

EDOUARD: C'est pas une raison pour être en retard au
travail.

Il va se retourner et partir mais se ravise, voyant pa-
raître Joseph dans sa porte de chambre, vêtu comme
aux mauvais jours, de sa vareuse de soldat et d'une
vieille chemise. Il porte un sac très lourd sur son
épaule. Tous les regards se tournent vers lui.

JOSEPH, *qui s'immobilise dans le milieu de la place et*
dépose son sac par terre: Qu'est-ce que vous avez
à me regarder comme ça?

FLEURETTE, *qui dépose la tasse de café sur un coin de la*
table: On n'a rien, Joseph. D'habitude, tu t'habilles
autrement pour aller travailler.

JOSEPH: Ah! C'est parce que j'ai pas mon déguisement
de vendeur de "bazous"? Je gage que vous avez pas
encore compris! *(Il prend la tasse de café que Fleu-*
rette a déposée sur la table. Il en boit une gorgée.
A Bertha.) Vas-y, la grosse, dis ce que tu penses.
D'habitude, t'es bonne dans les devinettes.

ARMAND: Parle pas comme ça, à m'man, toi!

JOSEPH: C'est pas ma mère!

FLEURETTE: C'est la mienne, Joseph.

JOSEPH: Ça paraît pas... Toi, le père, tu dis rien? T'as
pas une p'tite idée?

Edouard le regarde et ne répond pas.

FLEURETTE: T'as fait une folie, Joseph?

JOSEPH: Non, pas une folie. Une bonne affaire.

FLEURETTE: Tu travailles plus, Joseph?

JOSEPH: C'est ça, la p'tite! Toi, au moins, t'as pas peur
de la vérité... J'ai laissé mon emploi parce que j'en
avais plein le casque. Parce que je voulais faire fâcher Bertha puis Armand... Regarde-les changer de
visage. Sont plus capables de dire un mot.

*Et il éclate de rire. Armand, excédé, sort de la maison
tandis que Bertha, incapable de parler, hors d'elle-même,
s'enferme dans sa chambre. Joseph regarde son père en
souriant.*

JOSEPH: Je vais t'expliquer une chose, le père, tu vas me
comprendre...

EDOUARD, *d'une voix basse et contenue*:   T'as rien à m'expliquer. Et puis ce que j'avais à comprendre, je l'ai
compris depuis longtemps.

*Edouard lui tourne le dos et sort à son tour devant le
sourire figé de Joseph.*

JOSEPH: C'est ce qu'on appelle : vider une maison! Tu
t'en vas pas toi aussi?

FLEURETTE: Pourquoi que t'as fait ça, Joseph?

JOSEPH: J'étais écoeuré, c'est tout! Vendre des "bazous",
c'est pas une vie!

FLEURETTE: C'était pas nécessaire d'être méchant! Penses-tu te trouver une autre place?

JOSEPH: Peut-être... quelque part... Il doit y en avoir une
qui serait pour moi. *(Il se lève.)* Tu penseras à moi
de temps en temps, je pars avec Emile.

FLEURETTE: De Montréal ?

JOSEPH: Ouais.

Il ramasse son sac de bagage et s'éloigne vers la porte de sortie.

FLEURETTE: Aujourd'hui ?

JOSEPH: Ouais. On a décidé ça, hier soir.

FLEURETTE: Dis-moi "bonjour" avant de t'en aller !

JOSEPH *la regarde de la porte*:   Bonjour, la p'tite... Tu diras au père qu'y aura plus à m'endurer... Les autres, laisse-les faire, dis-leur pas un maudit mot ! Y en valent pas la peine.

Il sort.

FLEURETTE, *qui se précipite*:   Tu m'enverras des cartes... *(Joseph a fermé la porte.)* postales... *(pour elle-même, au bord des larmes.)* ...en couleurs...

Elle reste là, sans bouger, devant la porte fermée tandis qu'une voix d'homme chante.

Adieu printemps passe l'été
Car il faut travailler pour vivre
Et c'est l'automne après l'été
Quand l'amour meurt les hommes s'enivrent

Et c'est l'automne après l'été
Chacun son petit coin du monde
Va à l'école va travailler
Adieu l'amour adieu ma blonde

Fin du deuxième acte

TROISIÈME ACTE

TROISIEME ACTE

SCÈNE XII

*Même décor qu'à la fin de l'acte précédent, mais trois
ans et demi plus tard. C'est un soir de printemps vers
la fin du mois d'avril 1949. Il est environ neuf heures.
La rue est déserte. Un chien solitaire aboie quelque
part. Bertha est seule à la maison. La mère Brochu
passe rapidement et sort. Sans trop d'enthousiasme,
Bertha aligne des cartes devant elle pour tromper sa
solitude. Bertha est une femme qui s'ennuie et qui n'arrive pas facilement à sortir de son ennui et elle est très
paresseuse. Deux amoureux entrent et vont s'appuyer
contre un mur de brique. Ils ne se parlent pas. Le garçon écrit quelque chose sur le mur et la jeune fille immobile le regarde faire. Une fois qu'il a écrit, il presse la
jeune fille contre lui puis lui prend la main et l'entraîne.
Ils sortent. Sur le mur on peut lire: "AU BOUT DU
MONDE". Paraît Armand dans la rue, sa serviette
d'agent d'assurances au bout du bras et les traits fati-
gués. Avant d'entrer à la maison, il s'essuie les pieds
sur les marches du perron. Bertha le voit paraître dans
le vestibule et se trouve aussitôt soulagée. Depuis l'ou-
verture du rideau on entend une voix qui chante.*

Allons promener nos douleurs
Mon amour dans la rue sans nom
La vie est morne et sans couleur
Et sans espoir dans la rue sans nom

Le guitariste est mort mon coeur
Avant de s'être fait un nom
Personn' ne saura si tu pleures
Et nul ne saura dir' mon nom

Viens mon amour où le bonheur
Ne peut s'apprendre par son nom
A chaque soir arrive l'heure
Ou mêm' l'amour n'a plus de nom

La radio joue des airs moqueurs
Dans la rue qui n'a pas de nom
Les gens se fich'nt de nos malheurs
Et ne connaiss'nt mêm' pas ton nom

ARMAND *enlève son imperméable et le suspend*: Bonsoir, m'man.

*Bertha le regarde sans répondre. Armand s'approche de
la table avec sa serviette.*

BERTHA, *mine de rien*:   Tu rentres tard, aujourd'hui !
ARMAND: J'ai travaillé.
BERTHA: Il passe neuf heures... D'habitude, tu viens sou-
per au moins.
ARMAND: J'ai pas eu le temps ! J'ai pas arrêté une mi-
nute de la journée.

*Armand ouvre sa serviette et y prend des papiers qu'il
étale sur la table.*

BERTHA: Au lieu de me faire des cachettes, tu serais aus-
si bien de me dire son nom.
ARMAND: Le nom de qui, m'man ?
BERTHA: Si t'as rencontré une fille, t'as pas besoin d'avoir
peur, je vais comprendre.
ARMAND: J'ai pas rencontré de filles.
BERTHA, *empressée*:   Certain ?
ARMAND, *impatient*:   Certain !
BERTHA, *maternelle, fébrile, trop heureuse presque*:   As-tu
faim ? Veux-tu manger quelque chose ?

ARMAND, *qui s'asseoit*:   Non, plus tard. Avant de me coucher, peut-être. Mais là, il me reste des chiffres à vé-
rifier, un rapport à compléter. Je mange pas avec
coeur quand j'ai pas fini mon travail.

BERTHA: Comme tu voudras, Armand.

Il se met au travail mais s'arrête aussitôt.

ARMAND: Qui c'est qui t'a mis dans la tête que j'aurais
pu rencontrer une fille ?

BERTHA: Personne. Quand on passe ses soirées toute
seule, on pense à bien des choses.

ARMAND: Si j'avais rencontré quelqu'un, penses-tu que
j'aurais eu peur de te le dire ?

BERTHA: Je sais que t'es pas menteur. Et puis t'as pas
de comptes à me rendre non plus. Je demandais ça,
en passant.

ARMAND: Je vis pas comme les autres types de mon âge,
m'man... En dehors des polices d'assurance, je vaux
pas grand-chose... *(les yeux vagues.)* Des fois, je me
surprends à penser que Joseph avait une vie plus in-
téressante que la mienne.

BERTHA: Tu divagues, Armand! Toi au moins, t'as un
avenir devant toi, c'est ça qui compte.

ARMAND: Je me sens comme un esclave... Je progresse
pas, je tourne en rond.

BERTHA: C'est parce que t'es fatigué...

ARMAND: Tu dois avoir raison.

*Il se remet à la tâche. Quelques secondes de silence
puis Armand redresse la tête comme s'il cherchait quelqu'un autour de lui.*

ARMAND: Le père est pas là?

BERTHA: Comme tu vois !

ARMAND: Il reste plus souvent avec toi.

BERTHA: Pour ce qu'il trouve à me dire quand il y est !...
Y aime mieux aller voir ses amis.

ARMAND: Qu'est-ce qu'il lui prend d'aller jouer aux dames avec les p'tits vieux de la paroisse ?

BERTHA: Y aurait dû partir avec son garçon Joseph, y
a trois ans, il se serait moins ennuyé de lui.

ARMAND: Y a vieilli depuis ce temps-là. Y a vieiili!
Pauvre père! Gaspiller ses dernières années pour un
gars qui lui a jamais fait plaisir. Je le comprends pas...
Il devrait penser à toi un peu plus, m'man. Parce que
toi aussi tu t'ennuies.

BERTHA: Je m'habitue! Ça fait vingt ans! Quand t'es
pas là, Armand, y a pas grand-chose qui me retient
ici dedans.

ARMAND, *pas très sûr de ce qu'il avance*: Le seul remède,
c'est encore de se dire qu'on serait pas mieux ailleurs
qu'ici.

*Il continue de travailler avec un peu plus de lassitude.
Bertha tourne le bouton de la radio pour se distraire en
écoutant de la musique. C'est la musique de carrousel
du début qu'on entend. La lumière diminue sur eux
pour s'amplifier dans la rue. Paraissent Ronald et Fleurette en haut de la ruelle qu'ils descendent jusqu'à la
rue. Ils se tiennent par la main comme des amoureux
"en devenir". Fleurette, qui ne veut pas que Ronald
aille la reconduire jusqu'à la porte d'entrée de la maison, s'arrête soudainement de marcher et se place devant Ronald, lui bloquant le chemin. Elle a vieilli, évi-
demment, Fleurette, et elle fait jeune fille. Elle a
quand même conservé beaucoup de ses traits d'adoles-
cente. L'enfance aussi chez elle semble ne devoir jamais
se flétrir.*

RONALD: On est déjà chez toi!

FLEURETTE: On a pourtant marché longtemps!

RONALD: Mais sans trouver le bout du monde.

FLEURETTE: Tu m'avais pourtant promis!...

RONALD: J'ai pas retrouvé la route.

FLEURETTE: Je pense plutôt que tu m'as fait un mensonge.

RONALD: Je te jure que je m'y suis déjà rendu une fois.

FLEURETTE: Je te crois pas. *(Vivement elle l'embrasse.)*

Mais ça fait rien. J'aime ça quand même chercher le bout du monde.

Elle va se détacher subitement de lui.

RONALD: Tu rentres pas tout de suite ?

FLEURETTE: Oui. Il le faut.

RONALD: Mais non, pourquoi ?...

FLEURETTE: Parce qu'il le faut.

RONALD: Attends ! *(Il essaie de la retenir et de l'embrasser.)*

FLEURETTE, *qui résiste sauvagement*:   C'est tout ce qui t'intéresse quand t'es avec moi ?

RONALD: Pour moi c'est une façon de te dire que je t'aime. Et puis, si c'était tout ce qui m'intéressait, j'aurais pas cherché pendant quatre ans à te revoir, à mieux te connaître.

FLEURETTE: Tous les soirs où tu me suivais, tu me faisais peur.

RONALD: Maintenant aussi ?

FLEURETTE, *un peu chatte et gamine*:   Maintenant, c'est plus tout à fait la même chose.

Il rit, la prend dans ses bras et essaie encore de l'embrasser.

FLEURETTE, *qui résiste fermement sans s'éloigner de lui*:   Avant de t'en aller, répète-moi ce que tu m'as dit tout à l'heure.

RONALD: Je t'ai dit bien des choses.

FLEURETTE: Trop. Tout ça peut pas être vrai en même temps... Mais ce que j'ai aimé le plus, c'est ta poésie.

RONALD: Ah ! oui, je me souviens ! Mais je vais être obligé de t'avouer une chose par exemple... Je t'ai dit que c'était de moi, mais je mentais.

FLEURETTE: Ça m'est égal.

RONALD: Mais même si c'est des vers que j'ai pas écrits j'aurais quand même pu y penser le premier.

FLEURETTE: Récite-les encore.

RONALD: Attends !... Ah ! oui... "Un coeur à l'autre uni jamais ne se retire. Et pour l'en séparer, il faut qu'on le déchire"... C'est d'un dénommé Corneille !

FLEURETTE: Je vais tout faire pour essayer de m'en rappeler.

RONALD, *qui s'approche d'elle*:   J'en apprendrai des nouveaux pour la prochaine fois.

Il essaie de l'embrasser encore mais elle lui échappe et s'éloigne de lui.

FLEURETTE: Demain, téléphone-moi où je travaille ! *(Elle fait encore quelques pas et ajoute.)* A l'heure habituelle...

RONALD: Vas-tu m'aimer un jour ?

FLEURETTE *sourit avec un peu de malice*:   Je sais pas.

Elle commence à chantonner et entre chez elle pendant que Ronald disparaît dans la rue. Elle traverse le vestibule et passe au living-room toujours en fredonnant son air de chanson. Elle est très gaie. Elle se dirige vers sa chambre mais s'arrête près de Bertha qui l'interpelle. L'éclairage s'est amplifié dans le living-room et a diminué dans la rue. Bertha éteint la radio.

BERTHA: Qu'est-ce qui te prend de chanter comme ça ?

FLEURETTE: Rien m'man. Je chante parce que j'en ai envie... *(A Armand.)* Quand tu suivais ton cours commercial, Armand, apprenais-tu la poésie ?

ARMAND: La poésie ! Qu'est-ce que ça m'aurait donné ? Tu vends pas de l'assurance en récitant des vers.

FLEURETTE.   Si j'étais pas si vieille, je retournerais au couvent.

BERTHA, *soupçonneuse*:   Où c'est que t'as passé la soirée, toi ?

FLEURETTE: Nulle part. Je me suis promenée. J'ai pensé à toutes sortes de choses... *(Leur tournant le dos.)* "Un coeur à l'autre uni jamais ne se retire"... Bonsoir.

Elle rit et entre dans sa chambre.

ARMAND: Je trouve qu'elle a les yeux pas mal clairs la p'tite Fleurette ! C'est plus une enfant, hein ! Va falloir la surveiller comme il faut. C'est l'âge où les filles ont rien que des folies en tête.

BERTHA: Surveille donc ça pour voir, ça reste pas une minute en place.

ARMAND: La première nouvelle que tu vas apprendre !... Tu me comprends, la mère. Les p'tites secrétaires du bureau sont pareilles. Agaçantes ! J'ai jamais vu ça.

BERTHA: Je souhaite rien qu'une chose. C'est qu'elle se marie. Et le plus vite possible.

Silence. Bertha se lève.

BERTHA, *les deux poings sur les hanches*: Bon ! Ma journée est finie. Je vais me coucher, y a rien d'autre à faire.

Elle se dirige vers sa chambre.

ARMAND, *doucement*: T'as pas eu de nouvelles de Marguerite depuis un p'tit bout de temps ?

BERTHA *s'arrête et le regarde navrée*: Elle nous oublie. Je sais pas comment ça se fait, elle nous oublie. Les deux premières années, je la voyais au moins une fois par mois. Après, ses visites se sont espacées. Là, ça fait six mois que je l'ai pas vue.

ARMAND: Elle a souvent changé d'adresse.

BERTHA: Ça doit être pour ça... J'essaie de ne pas trop y penser. B'soir, Armand.

ARMAND: B'soir. Dors comme il faut.

Et elle entre dans sa chambre. Paraît Edouard au coin de la rue. Il est revêtu d'un misérable manteau de printemps. Lui aussi a vieilli. Ses épaules se sont courbées. Ses pas sont incertains. Il ne marche pas trop droit. Il a dû boire un peu trop en jouant aux dames. Péniblement, il gravit les deux marches du perron puis ouvre la porte. Il entre et paraît dans le living-room. Armand le regarde et remarque aussitôt qu'il est légèrement ivre. Edouard fait mine de ne pas l'avoir vu et suspend ses vêtements à un clou. Puis, en essayant de marcher bien

*droit et voulant conserver sa dignité, il se dirige vers sa
chambre.*

ARMAND, *qui l'interpelle*:   Ta femme a encore passé la
    soirée toute seule, le père!

*Edouard s'arrête, le regarde à peine puis continue son
chemin en silence.*

ARMAND: Tu devrais t'efforcer de rester plus souvent
    avec elle!

*Edouard s'arrête de nouveau mais ne le regarde pas
cette fois.*

ARMAND: Et puis c'est pas bon pour ta santé de boire
    comme tu le fais. Le docteur te l'a dit que t'avais plus
    le coeur assez solide pour prendre un coup.
EDOUARD, *doucement*:   C'est pas ça qui va me tuer, Ar-
    mand.

*Et il entre dans sa chambre. Armand hausse les épau-
les, se lève, range ses papiers et s'en va à la cuisine.*

SCÈNE XIII

*Une heure plus tard, le même soir. Quelque part, dans
la nuit, quelqu'un s'acharne sur un piano. Il n'y a plus
de lumière chez les Latour. Paraissent Emile et Joseph
dans la rue. Vêtus pour se protéger du froid et portant
leur bagage, on dirait deux voyageurs qui ont marché
pendant dix ans. Joseph fait signe à Emile de s'arrêter
pour regarder les environs. En arrière-plan, la silhou-
ette des édifices a quelque peu changé. De nouveaux
buildings coupent la vue.*

JOSEPH: Pas de lumière, Emile, rien, tout le monde est
    couché! Si on réveillait Armand et Bertha, ce serait
    drôle!
ÉMILE: T'es mieux de les laisser dormir en paix. Sont
    bien, sont au chaud, sont corrects... On devrait faire

la même chose. On pourrait rentrer sans les réveiller,
et puis dormir un peu. Moi, je coucherais par terre, ça
me serait égal.

JOSEPH: Non. Je rentre pas. J'y remettrai plus jamais
les pieds.

ÉMILE: C'est ton orgueil qui te fait parler.

JOSEPH: Peut-être, je m'en sacre... Regarde! La rue
a pas changé. Tu reviendrais dans cinquante ans et
puis ce serait encore la même chose... Comprends-tu
ce que je veux dire, Emile?

ÉMILE: Non.

JOSEPH: Tu dois avoir du lard dans le cerveau.

ÉMILE, *agressif*: C'est bien possible. J'ai jamais prétendu
que j'étais un génie.

JOSEPH: Je vais t'expliquer quelque chose. Si tu passes
toute ta vie à étouffer dans le même p'tit coin, tu
vieillis sans rien apprendre. Et puis un jour tu
t'aperçois que ta peau a pris la même couleur que
celle de la brique. C'est ça que je veux dire.

ÉMILE, *qui s'en fout*: Je vais essayer de m'en rappeler,
Joseph. Mais pour l'instant, j'aimerais me reposer
un peu. Dormir comme il faut toute une nuit.

JOSEPH: Ça donne rien. C'est pas en dormant que tu
t'instruis. C'est en voyageant, en bougeant! Nous
autres, si on était resté dans notre coin à pas bouger,
sais-tu ce qu'on serait devenu? Des pauvres caves.
On se serait mariés à des enfants de Marie et puis
on leur aurait fait des p'tits comme tout le monde. Au
lieu de ça, on a vu du pays, on a marché, on a travaillé quand on a voulu, on a connu la misère et
puis on s'est battu. Autrement dit, on a appris quelque chose. C'est pour ça qu'il faut pas s'arrêter Emile,
c'est pour ça qu'il faut continuer.

*Il sort, Emile le suit. Entre la mère Brochu qui cherche
son chat, une écuelle à la main.*

BROCHU, *cherchant partout*: Minou! Minou! Minou!...
viens voir ta p'tite mère, mon minou... Minou! Mi-

nou! Minou!... J'ai du bon lait, j'ai du bon pain pour
toi... Minou! Minou! Minou!

*Joseph et Emile reparaissent derrière elle. Joseph suit
la mere Brochu sur la pointe des pieds et fait signe à
Emile de se cacher.*

BROCHU: Ta p'tite mère va te donner du bon pain!...
Du bon lait frais!... Minou! Minou! Minou!

*Joseph bondit soudainement devant elle et lève les
bras en l'air comme un chat qui va griffer.*

JOSEPH *hurle*:   Miaou!

*La mère Brochu pousse un grand cri de peur, échappe
son écuelle et se sauve en courant. Joseph éclate de son
grand rire.*

JOSEPH, *se tordant*:   Tu l'as vue? Tu l'as vue, Emile?
L'as-tu vue Emile?
ÉMILE: Je savais pas que tu t'attaquais aux p'tites
vieilles! T'aurais pu lui faire avoir une syncope, c'est
très brillant!
JOSEPH: J'avais le goût de rire, Emile. Et puis comme
ça tout le monde va savoir qu'on est passé dans le
quartier. Mais personne va nous trouver... T'as faim
toi?
ÉMILE: J'ai l'estomac dans les talons...
JOSEPH: Amène-toi, on va trouver un restaurant.

*Ils sortent. Le piano se fait entendre encore, plus lugu-
bre que jamais.*

SCÈNE XIV

*Le même soir, quelques instants plus tard, dans un pe-
tit restaurant du quartier. L'endroit est vide. Il n'y a
qu'une jeune serveuse qui essuie les tables. On entend
soudain des coups frappés à la porte. La serveuse sursaute.*

SERVEUSE crie: On est fermé!

VOIX D'ÉMILE: Ça fait rien! On veut manger!

SERVEUSE, *faisant des gestes de bras en direction de la porte*:   Fermé! Vous reviendrez demain...

VOIX DE JOSEPH: T'es mieux d'ouvrir, sans ça on défonce!

De mauvais gré, elle se dirige vers la porte et ouvre. Paraissent Joseph et Emile. Ils sont pratiquement en guenilles. Mal rasés, cheveux longs, pantalons sales et déchirés. Mais Joseph porte toujours sa même vareuse de soldat.

SERVEUSE, *les laissant passer devant elle*:   Des revenants!

ÉMILE: Ouais.

JOSEPH: On est de passage dans le quartier.

SERVEUSE: Tout ce que je peux vous servir c'est des sandwiches au jambon.

JOSEPH: Amène!

ÉMILE: Avec du café.

La serveuse sort pour leur préparer les sandwiches et le café. Emile et Joseph se sont assis à une banquette.

ÉMILE: Combien il te reste, toi?

JOSEPH: Deux ou trois piastres. Toi?

ÉMILE: Une dizaine à peu près.

JOSEPH: C'est pas pire. On est bon pour souper, prendre de la bière puis une chambre sur la "Main".

ÉMILE: Tu trouves ça pas pire? Douze piastres à deux, aucune perspective d'emploi devant nous autres?

JOSEPH: On a déjà été plus mal pris que ça.

ÉMILE: Moi, je trouve que c'est pas glorieux. Deux gars qui sont partis de Montréal pour se faire de l'argent, puis qui reviennent après trois ans et demi avec douze piastres dans leurs poches!...

JOSEPH: C'est pour faire de l'argent qu'on est parti? Je m'en souvenais plus.

ÉMILE: On s'était trouvé quelque chose de pas mal à Hamilton, mais fallait que tu gâtes l'affaire. Je t'avais dit de laisser la fille du "foreman" tranquille, aussi!

JOSEPH:　Je la laissais tranquille, c'est elle qui m'agaçait.

ÉMILE:　T'as le tour de te mettre les pieds dans les plats! Pour ça, t'es le champion.

JOSEPH:　Ah! Puis j'étais écoeuré d'Hamilton. Je suis content de voir Montréal en passant.

ÉMILE:　Moi aussi, je suis content, Chrysostôme! Parce que je suis fatigué d'aller de ville en ville, de changer de place continuellement, de toujours me retrouver sans travail. J'ai connu un temps où la vie était plus facile qu'aujourd'hui. Quand je pense à l'aisance que j'avais du temps de la guerre!

JOSEPH:　Reviens-en, Emile? C'est fini depuis des années les coupons de rationnement.

ÉMILE:　Pourquoi qu'on n'a pas été capable de faire autre chose? Pourquoi qu'on n'a pas pu se rattraper?

JOSEPH:　Je le sais pas.

ÉMILE:　On est devenu des "hobos", des vrais "hobos".

JOSEPH:　Puis après?

ÉMILE:　Moi, je suis pas un "hobo" dans l'âme, tu sauras ça.

JOSEPH:　Okay, c'est correct, cesse de chiâler. Des fois, moi aussi j'en avais plein le casque mais je me fermais la gueule.

Entre la serveuse. Elle dépose les deux sandwiches et les deux tasses de café sur la table devant Emile et Joseph.

SERVEUSE:　C'est vingt cents le sandwich. Avec les deux tasses de café ça fait soixante.

JOSEPH:　Paye ça, Emile, je vais te le remettre.

ÉMILE:　Si un jour on faisait des p'tits calculs, tu serais surpris de voir tout ce que tu me dois... *(Il tend un dollar à la serveuse.)* Tiens! Garde le reste. Nous autres, quand on sort, c'est pour vrai!

SERVEUSE:　Merci. *(Elle s'éloigne et s'arrête.)* Dépêchez-

vous de manger. Ma journée est faite depuis longtemps, moi!

*Elle sort. Joseph dépose une pièce de monnaie dans
le petit orthophonique de table. Voyant que la musique
ne vient pas tout de suite, il donne un coup de poing
sur l'appareil.*

JOSEPH: Joue, toi!

*Et comme par magie, l'orthophonique s'allume et la
musique se fait entendre immédiatement.*

JOSEPH: Avec de la musique, ça digère mieux!

*Ils commencent à manger en même temps qu'ils boi-
vent leur café. Ils sont tellement affamés qu'ils avalent
tout en quelques bouchées. Puis, Emile se lève et va
prendre un journal sur une étagère du restaurant. Il
revient s'asseoir pour le lire.*

ÉMILE: C'est demain qu'on commence à être sérieux,
Joseph.

JOSEPH: On a toujours été sérieux, Emile! Je vois pas
pourquoi on serait différent demain.

ÉMILE: Quand je dis qu'on va être sérieux, je veux dire
qu'on perdra plus notre temps... On va relever nos
manches. L'heure est venue de se lancer dans une
business payante et puis de mener une vie comme
tout le monde.

JOSEPH: Si je te connaissais pas, Emile, je me laisserais gagner à te croire.

ÉMILE: T'es aussi bien de me croire, parce que mon
idée est faite.

JOSEPH: Qu'est-ce qu'ils chantent de bon dans ton journal?

ÉMILE: Rien. Ils parlent d'une grève à Asbestos.

JOSEPH: Dans l'amiante?

ÉMILE: Ouais. Paraît que ça va mal du côté des grévistes. Y ont de la misère avec les "scabs".

JOSEPH: On devrait être là, toi puis moi.

ÉMILE: Pourquoi faire?

JOSEPH: On pourrait donner un p'tit coup de main aux
grévistes! Tu te souviens quand on travaillait dans
le charbon en Alberta?

ÉMILE: On s'était fait sacrer dehors, aussi!

JOSEPH: On s'en va à Asbestos! Si les Américains nous
volent notre amiante, on va leur casser la gueule.

ÉMILE: Une emmanchure de fou! T'es pas capable de
rester en place deux minutes?

JOSEPH: Moi, j'aime l'action. Et puis c'est quand je
sais pas où je m'en vais que je découvre du nouveau
sur ma route. Ça me tente d'y aller, Emile, ça me
tente bien gros. Si je reste à Montréal, je me connais, la même maudite vie qu'avant va recommencer.
Et puis ça, je veux pas.

ÉMILE: Bois ton café, reste tranquille cinq minutes!
Je me remettrai pas sur le bord de la route pour
faire du pouce ce soir.

JOSEPH: On fera pas de pouce, on va se trouver un
char. On a rien qu'à passer au terrain de Tit-Mine et
en prendre un.

ÉMILE: Son terrain est fermé à l'heure qu'il est.

JOSEPH: Je sais comment trouver les clefs. J'y ai travaillé assez longtemps pour le savoir. Si c'est pas
changé, on n'aura pas de problèmes.

ÉMILE: Il va envoyer la police à nos trousses.

JOSEPH: Avant qu'il s'en aperçoive, on sera rendu à
Asbestos. On aura laissé le char sur le bord de la
route, Tit-Mine saura jamais que c'est nous deux.

ÉMILE: Je marche plus dans tes plans de nègre, Joseph!

JOSEPH: C'est regrettable, Emile, c'est regrettable! T'es
pas un mauvais gars pourtant!

ÉMILE: Si on s'arrête pas ce soir, Joseph, on s'arrêtera
jamais.

JOSEPH: Toi qui as traversé le pays d'un bout à l'autre
avec moi! Je te demande de venir te promener à Asbestos et tu refuses?

ÉMILE: Tu comprendras jamais, Joseph, tu comprendras
   jamais.

Paraît la serveuse avec son cabaret vide.

SERVEUSE: Vous avez fini?
JOSEPH: Ouais. Fini. T'as jamais si bien parlé.

Joseph se lève. La serveuse commence à desservir.

JOSEPH, *qui s'éloigne vers la porte. A la serveuse*:   Si t'as
   besoin d'un laveur de vaisselle, Emile se cherche un
   emploi. Bonsoir, beauté!

Et il sort.

ÉMILE, *soudainement seul, se lève vivement*:   Joseph!
   Attends-moi! Joseph! Attends-moi!

*Et il sort à son tour précipitamment. La serveuse hausse
les épaules, éteint la petite lampe fixée au mur près
de la table et sort aussi. Tout est noir. On n'entend plus
qu'une musique sourde et angoissante.*

SCÈNE XV

*Le lendemain vers sept heures du soir. Edouard est
debout devant la fenêtre du living-room; il bourre sa
pipe. Armand est assis dans un fauteuil et ne fait rien,
sinon qu'il bâille. Silence.*

EDOUARD, *après avoir allumé sa pipe*:   Des voisines ont
   dit à Bertha que Joseph avait été vu dans le quartier
   la nuit passée. Crois-tu ça, toi?
ARMAND: On sait jamais. *(Il bâille encore.)* Hier soir,
   avant de m'endormir, j'ai entendu des types gueuler
   dans la rue et j'ai cru reconnaître sa voix. J'ai re-
   gardé dehors mais j'ai vu personne.
EDOUARD: Je me demande ce qu'il est devenu. Il a
   dû se trouver une bonne place et se caser. Des gars
   comme lui quand ça se décide, ôtez-vous du chemin y
   a rien pour les arrêter.

ARMAND, *qui fronce les sourcils*:   T'as pas cessé de penser
     à lui, hein, le père? T'as pas cessé une minute! Les
     autres ont beau se dévouer comme des chiens, à
     côté de toi, c'est encore à lui que tu penses.

*Edouard le regarde, va prendre son journal sur la table
et se dirige vers la chaise à bascule pour s'asseoir. En
même temps, Emile est entré dans la rue et sonne à la
porte d'entrée. Il porte un bandage autour de la tête et il
boîte. Edouard, qui n'a pas le temps de s'asseoir, décide
d'aller ouvrir.*

ARMAND: Ça doit être la mère qui revient de l'église.

EDOUARD: Je pense pas, y est trop de bonne heure.

*Il passe dans le vestibule, ouvre la porte et se trouve
nez à nez avec Emile. Moment de surprise pour Edouard
et de timidité pour Emile.*

EDOUARD: Emile?

ÉMILE: Bonsoir, monsieur Latour.

EDOUARD: Qu'est-ce que tu fais à Montréal?

ÉMILE: Je voudrais vous parler, je vais vous expliquer
     tout ça.

EDOUARD: Entre si tu veux me parler, reste pas là.

*Il ouvre la porte plus grande pour laisser passer Emile.
Ce dernier traverse le vestibule et fait quelques pas
dans le living-room. Il s'arrête comme il aperçoit Armand, debout, le regard hostile.*

ÉMILE: Salut!

ARMAND, *sec*:   Salut.

EDOUARD: Si tu veux t'asseoir, tire-toi une chaise.

ÉMILE: Non, j'aime mieux rester debout. Ce que j'ai
     à vous dire, je vais le dire vite parce que c'est pas
     tellement plaisant.

EDOUARD, *qui s'approche lentement de lui. Soudainement
     inquiet sans le laisser trop paraître*:   Joseph?

ÉMILE, *nerveux*:   Laissez-moi commencer par le commencement, Chrysostôme! Sans ça, j'aurai pas le coeur de me rendre jusqu'au bout.

EDOUARD, *sec*:   Parle d'abord! Si t'es venu pour ça, parle!

ÉMILE: On revenait à Montréal, on savait pas quoi faire, on a lu dans le journal qu'y avait une grève dans l'amiante à Asbestos puis on a voulu y aller. On s'est rendu dans le lot de Tit-Mine, on a pris un char et puis juste comme on sortait de Montréal, on a frappé un arbre. On a été capable de revenir sans se faire prendre mais Tit-Mine a su par son gardien de nuit que c'était nous autres et il nous fait chanter. Il veut cinq cent piastres pour les dommages plus cinq cents piastres pour son silence. Sans ça, il nous traîne en cour. Il a son témoin et toutes les preuves qu'il faut.

ARMAND: Je vois pas dans quel intérêt tu viens nous raconter ça.

ÉMILE: On est cassé tous les deux, ça fait que...

EDOUARD, *furieux*:   C'est Joseph qui t'a dit de venir nous voir?

ÉMILE: Non... Il sait pas que je suis venu. Il est à l'hôpital avec une jambe cassée...

EDOUARD, *ébranlé par cette nouvelle*:   C'est lui qui conduisait?

ÉMILE: Oui. De mon côté, j'ai pensé que vous étiez le seul gars qui pouvait lui rendre service.

EDOUARD: Veux-tu me dire ce que vous alliez faire à Asbestos?

ÉMILE: Joseph avait le goût de voir ça.

EDOUARD: Voir ça? Pourquoi? Joseph est pas un "scab"!

ÉMILE: Son idée, y a des drôles d'idées des fois, son idée c'était d'aller se battre pour les grévistes contre les "scabs".

EDOUARD: Se battre contre les... et t'appelles ça des drôles d'idées? Moi, je dis que c'est des idées de fou!

ARMAND: Y a pas changé d'un pouce.

ÉMILE, *qui veut le convaincre à tout prix*:   Oui, y a chan-

gé. On est passé à travers tout le pays ensemble et
puis je sais qu'y a changé! Vous le reconnaîtriez pas!

EDOUARD: Mille piastres! Tu viens me demander mille
piastres! A moi, Emile! *(Il le prend par les revers
de son veston et le secoue.)* A un pauvre qui a jamais
été aidé par personne! Même pas par son propre
garçon! T'as le front de venir me demander mille
piastres?

ÉMILE: Pas mille, monsieur Latour, cinq cents... *(Il s'é-
loigne d'Edouard et replace un peu ses vêtements.)*
L'autre cinq cents piastres, je vais le trouver. Je
sais pas comment mais je vais me débrouiller. Je
me suis déjà débrouillé pour des affaires pires que
ça. Dans le temps de la guerre...

ARMAND: Le père a pas une cenne, tu perds ton temps,
Emile.

EDOUARD: Cinq cents piastres pour moi, c'est autant
que mille... *(Il se calme.)* Ça me prend au moins
deux mois pour gagner ça. Quand je fais du temps
supplémentaire... Si ça se trouvait en dessous de la
queue d'une chatte, je dis pas!

ÉMILE: Tit-Mine m'a forcé à signer un papier. Puis
je sais qu'il est sérieux. Y a jamais aimé Joseph
parce que Joseph l'a déjà humilié. On a trois jours.
Si on trouve pas l'argent, il va nous faire jeter en
prison.

EDOUARD: Pourquoi qu'il s'embarque dans des affaires
semblables? Pourquoi? S'il fallait qu'il aille en prison,
ce serait fini. Il pourrait plus jamais se reprendre.
Je le connais! Ça fait des années qu'il m'en fait arracher, je peux dire que je le connais. *(Bourru.)* Même
si j'ai pas traversé le pays avec lui!

ÉMILE: En voyage, il me parlait souvent de vous. Si
on est parti pour Asbestos, c'est parce qu'il voulait
pas rester à Montréal. Y avait pas du tout envie de
venir vous embêter.

ARMAND: Laisse-toi pas gagner, le père!

EDOUARD, *qui ne s'occupe pas d'Armand:*   J'aimerais au-

tant qu'il vienne nous embêter que de le savoir mal
pris comme ça. Il doit avoir l'air fin avec sa jambe
dans le plâtre! Vas-tu retourner le voir à l'hôpital?

ÉMILE: Oui.

EDOUARD: Si on le sort au plus vite de l'hôpital, ça va
peut-être coûter moins cher.

ARMAND: Ecoute, le père! Si tu permets à Joseph de
revenir une autre fois...

EDOUARD, *qui n'entend pas Armand*: Arrange-toi pour
le ramener à la maison demain.

ARMAND: Jamais! jamais ça se fera!

EDOUARD, *hors de lui*: Je suis encore le maître chz moi.
Si t'es pas content, va vivre ailleurs!

ARMAND: Tu penses pas à ce que tu fais, le père! Arrête-
toi! Arrête-toi juste une seconde pour y penser. Tu
sais autant que moi que ça donne rien de l'aider.

EDOUARD, *à Emile*: Moi non plus, je sais pas comment
je vais m'arranger, Emile, mais je vais m'arranger.

ÉMILE: Je peux vous donner la main, monsieur Latour?

EDOUARD, *bourru, lui serre la main*: On est dans le
même pétrin, toi et moi.

ÉMILE, *ému*: Merci.

*Il lui tourne le dos et il sort. Pendant quelques secondes,
Edouard et Armand ne bougent pas. C'est Armand qui
le premier rompt cette immobilité et ce silence.*

ARMAND: Là, le père, tu viens de commettre une erreur.

EDOUARD: Ça se peut.

ARMAND: T'aurais peut-être pu attendre m'man pour
savoir ce qu'elle en pense au moins. *(Silence du père.)* Il va avoir la jambe dans le plâtre, c'est elle qui
va l'endurer pendant quarante jours! *(Silence du
père.)* Parle! Dis quelque chose! Es-tu devenu fou?

EDOUARD, *étrange et doux*: C'est sa dernière chance...

ARMAND: C'est ton garçon, t'as raison de vouloir l'aider!
Mais nous autres? As-tu déjà pensé à nous autres?
Jamais. On n'est rien pour toi. De la poussière! Des

microbes! Tu ferais pas pour nous autres le dixième
de ce que tu fais pour lui.

EDOUARD: Vous autres, vous avez pas besoin de moi;
lui, c'est sa dernière chance; je vais essayer de l'aider
une dernière fois, Armand.

ARMAND: Je le savais! Je le savais qu'il nous reviendrait
un jour avec un paquet de troubles. On a eu trois
ans et demi de paix, c'était trop beau.

EDOUARD: Je vais parler à Bertha, je vais lui faire
comprendre. J'ai toujours été capable de prendre
mes responsabilités, Armand.

ARMAND: Mais l'argent? Tu l'as pas l'argent! Cinq cent
piastres, ça se trouve pas comme rien.

EDOUARD: Y a la Caisse Populaire.

ARMAND: Je te vois venir, le père. Parce que je suis
caissier-suppléant le vendredi soir, tu te dis que je
vais te recommander.

EDOUARD: J'ai été honnête toute ma vie. J'ai jamais
eu de dettes. Ils vont me prêter.

ARMAND: Sur quelles garanties? T'as pas de maison.
T'as rien à toi.

EDOUARD: J'ai mon salaire. Si je paye pas, ils pourront
le saisir.

ARMAND: C'est pas suffisant. Ils vont te demander au
moins un endosseur.

EDOUARD *le regarde droit dans les yeux*: Toi, Armand.

ARMAND: Qu'est-ce que tu dis, le père?

EDOUARD: Je vais te demander de m'endosser.

ARMAND: Pour tirer Joseph du trou, pour le sortir de
la vase, moi, je vais t'endosser?

EDOUARD: Si c'est moi qui te le demande? Si c'est pour
moi que tu le fais? J'ai toujours été juste avec toi.

ARMAND: C'est pas une question de justice! C'est une
question de bien d'autres choses. C'est une question
de risque, d'abord, et puis...

EDOUARD: T'as confiance en moi, tu sais que je suis
honnête.

ARMAND: Si tu meurs avant d'avoir fini de payer!

EDOUARD: J'ai une assurance-groupe avec la Compagnie.

ARMAND: Ça veut rien dire. C'est juste assez pour payer ton enterrement.

EDOUARD: Je te le demande une dernière fois, Armand! Veux-tu m'endosser?

ARMAND, *n'osant répondre "non" et vaincu à la fois, hésite et ne sait plus comment s'en sortir*: Dis-moi... dis-moi pourquoi tu fais ça? Donne-moi une bonne raison, seulement une bonne raison!

EDOUARD: Je te l'ai donnée. J'en ai pas d'autres.

ARMAND: Et je vais passer pour une poire après? Je vais passer pour un mou aux yeux de tout le monde? T'as pas l'air de te rendre compte de ce que tu me demandes, le père. On dirait que pour toi c'est une chose facile. Mais je veux que tu sois réaliste un peu. Tu l'as pas tellement été avec nous autres. La vie c'est pas un jeu de cartes ni un jeu de mots. Un homme c'est pas une marionnette au bout d'une ficelle. C'est pas ça, le père, j'en ai sué un coup pour l'apprendre moi! J'ai réussi, c'est correct, mais parce que j'ai travaillé. Je me suis jamais permis de flâner comme ton garçon Joseph, j'ai jamais gaspillé mon argent à boire ou à sortir avec les filles de rues. J'ai appris ce que c'était et par le chemin le plus difficile.

EDOUARD: Je sais tout ça, Armand, je sais tout ça.

ARMAND: Penses-tu que c'est gai de vendre des polices d'assurance de porte en porte? De gaspiller sa vie pour convaincre les gens qu'ils vont mourir un jour?

EDOUARD: Moi, je colle des étiquettes sur des colis à journée longue et je dis pas un mot. J'aurai pas eu plus de plaisir que toi à vivre, Armand.

ARMAND: Pourquoi que tu me pousses au pied du mur comme ça?

EDOUARD: Je t'ai jamais demandé de faveur. Ce soir je t'en demande une.

ARMAND: Je suis pas un faible, le père, tu profiteras
pas de moi aussi facilement.

EDOUARD: Veux-tu, Armand?

ARMAND: Qu'est-ce qu'il a de plus que moi, Joseph,
pour que t'en prennes soin tant que ça?

EDOUARD: Rien, Armand!

ARMAND: Oui, y a quelque chose. Y a quelque chose que
j'ai pas, certain! Parce que tu m'as jamais considéré,
tu m'as jamais aimé comme tu l'as aimé.

EDOUARD: Tu t'imagines ça, Armand!

ARMAND: J'ai jamais rien représenté de valable dans
la vie?... Réponds-moi, réponds-moi!

EDOUARD: J'ai essayé de m'attacher autant aux autres
qu'à lui.

ARMAND: Pas vrai! C'est lui qui a tout pris, c'est lui
qui a tout eu; j'aurais mérité de recevoir autant d'attention que lui. Je l'aurais mérité plus que lui. Quand
t'as marié ma mère j'étais pas tellement plus vieux
que Joseph et j'avais besoin d'avoir un père moi
aussi.

EDOUARD: J'ai été ton père!

ARMAND: Pas comme il aurait fallu. Et quand tu dis
que t'as toujours été juste avec moi, faut s'entendre
sur les mots. Je t'ai jamais apporté de tracas, je
t'ai jamais embêté, j'ai toujours été un bon garçon.
En retour, je me suis toujours attendu à un peu de
considération de ta part. J'en ai jamais reçu. Pourquoi, le père? Pourquoi?... Y a quelque chose que
t'aimes pas en moi? Dis ce que c'est?

EDOUARD: Le problème est pas là, Armand, le problème...

ARMAND, *qui le coupe*: C'est Joseph, le je sais. C'est
toujours lui... Quand il est question de lui, les problèmes des autres comptent plus. Zéro... C'est ma face
que t'aimes pas, le père? C'est ça hein? T'es pas le
seul. Les femmes non plus l'aiment pas. Et moi
non plus, des fois.

EDOUARD, *gêné devant Armand qui est près de pleurer*:

Si tu refuses de m'endosser, Armand, je sais vraiment pas comment je vais me débrouiller. Dans le moment, c'est moi qui te demande quelque chose.

ARMAND: Tu le sais bien que tu vas me faire plier. Tu le sais bien. Je vais t'endosser le père, mais en retour je vais te faire promettre une chose.

EDOUARD: Je peux pas te promettre beaucoup. J'ai rien à moi.

ARMAND: Tu vas me promettre d'avoir un peu plus de reconnaissance pour moi à l'avenir. Je suis un homme et j'ai besoin que tu le saches. J'ai besoin que tu me respectes. C'est pas beaucoup te demander en regard du service que je te rends.

EDOUARD: Je te promets... Je te promets, Armand.

ARMAND: Demain, demain je t'endosserai. Et puis tu la feras ta bêtise!

Il s'enferme dans sa chambre dégoûté et vaincu.

EDOUARD, *seul:*   Merci...

Et très rapidement les lumières s'éteignent. Et dans le noir, on entend des voix de jeunes filles qui chantent le Regina Coeli.

SCÈNE XVI

Trente jours plus tard. Vers la fin du mois de mai. Les cloches de l'église paroissiale appellent les fidèles au mois de Marie. La mère Brochu, suivie d'enfants et de jeunes filles, se dirige dévotement vers l'église. Joseph, assis dans la chaise à bascule est seul dans le living-room. Un tabouret sert d'appui à sa jambe dans le plâtre. Ses béquilles sont à portée de ses mains. Ronald paraît dans la rue. Il s'avance jusqu'au perron, gravit les deux marches et sonne. Joseph se lève aussitôt et fait quelques pas sans l'aide de ses béquilles.

JOSEPH crie: Entrez!

Ronald entre timidement dans la maison.

JOSEPH: Qu'est-ce que tu veux, toi?

RONALD, *sur le seuil du living-room*:   Je viens chercher mademoiselle Latour.

JOSEPH: Laquelle? La grande ou la petite? Si c'est la grande, t'es en retard de quatre ans.

RONALD: Je parle de mademoiselle Fleurette.

JOSEPH: Je le sais bien, voyons! Y a plus rien qu'elle de fille dans la maison. Tu t'appelles Ronald?

RONALD: Oui. C'est moi, monsieur.

JOSEPH: Reste pas là, viens t'asseoir.

RONALD: Merci.

JOSEPH: C'est gratuit.

Il pénètre plus avant dans le living-room et s'asseoit timidement. Fleurette entrebâille sa porte de chambre et montre la tête.

FLEURETTE: Je suis prête dans une minute, Ronald... Joseph! Occupe-toi de lui en attendant.

JOSEPH: Compte sur moi, mon ange. (*Fleurette ferme sa porte de chambre.*) T'es chanceux de sortir avec une belle fille comme elle.

RONALD: Certain!...

Et il rit. Par timidité.

JOSEPH: T'as quel âge, toi?

RONALD: Dix-neuf ans, monsieur.

JOSEPH: Poli à part ça, un garçon poli!... (*Changeant de ton.*) Si tu m'appelles "monsieur" encore une fois, je te mets mon pied au cul. Mon nom c'est Joseph. Correct, là?

RONALD: Je vais essayer de vous appeler Joseph.

JOSEPH: Ma p'tite soeur m'a dit que t'étais dans les sciences?

RONALD: Oui. Je vais au Mont Saint-Louis. Dans deux ans j'aurai fini mon cours.

JOSEPH: Et puis après, qu'est-ce que tu vas faire?

RONALD: Je sais pas encore.

JOSEPH: Pourquoi que tu suis un cours scientifique si tu le sais pas ?

RONALD: C'est mon père qui a décidé pour moi. Il disait que l'avenir était aux sciences.

JOSEPH: Ça doit être un gars brillant ton père, y a dû être impressionné par la bombe atomique.

Ronald rit une autre fois.

JOSEPH: Tu ris? Tu trouves ça drôle, la bombe atomique?

RONALD, *intimidé*: Non.

JOSEPH: Quand la guerre a fini, tu devais avoir dans les quinze ans, toi?

RONALD: A peu près.

JOSEPH: C'est une affaire qui a pas dû t'inquiéter tellement?

RONALD: J'y pensais jamais. Mon père, lui, suivait ça... Y avait des intérêts dans une compagnie qui fabriquait des munitions.

JOSEPH: Il devait pas avoir hâte que ça finisse?

RONALD: Non certain.

JOSEPH: Peut-être que si ses munitions lui avaient sauté en pleine gueule, peut-être qu'il aurait changé d'idée.

Ronald rit encore.

JOSEPH: Ça aussi, tu trouves ça drôle? C'est plaisant de parler avec toi, sais-tu?

Paraît Fleurette, vêtue de sa plus jolie robe.

JOSEPH: T'es prête, mon coeur?

RONALD, *qui se lève vivement*: On va partir, faut pas être en retard au cinéma.

JOSEPH, *qui ne s'est pas assis une seule fois, malgré sa jambe*: T'es bien pressé toi! Viens ici, une minute... Approche, aie pas peur... (*Il l'attrape par les revers de son veston.*) J'ai rien qu'une chose à te dire: fais attention à ma p'tite soeur, okay? C'est pas une "bébelle"!

RONALD: J'y fais attention.

FLEURETTE, *à Joseph*: Laisse-le donc tranquille, espèce de grand fou!... Viens-t'en Ronald, écoute-le plus!

JOSEPH, *à Ronald*:   Bonne veillée, le mousse! *(A Fleu-rette.)* Amuse-toi bien, la p'tite!

Ils sont dans le vestibule.

JOSEPH: Faites pas ce que je ferais! *(Et il éclate de rire.)*

Ils sortent de la maison et disparaissent dans la rue par la gauche. Joseph va chercher ses béquilles et le journal pour sortir de la maison à son tour. Il s'asseoit avec difficulté sur les marches du perron, posant ses béquilles et son journal près de lui. Il s'allume une cigarette, puis reprend le journal et le déploie pour le lire. Survient Emile affublé d'un costume de vendeur d'essence. Voyant que Joseph est préoccupé par sa lecture, il s'en approche très lentement pour le surprendre.

EMILE *crie soudain, en anglais, comme dans l'armée:*   At-ten - tion!

Joseph, comme par un réflexe qu'il n'a pas oublié, sort brusquement la tête de son journal et redresse la poitrine. Emile éclate de rire.

EMILE: Dis-moi pas que t'as décidé de t'instruire!

JOSEPH: Je regarde seulement les images... T'en vas-tu dans un carnaval? Qu'est-ce que tu fais habillé comme ça?

EMILE: Je fais du chemin, Chrysostôme! J'ai pas la patte dans le plâtre.

JOSEPH: Tu vends du gaz?

EMILE: Ouais. Gérant d'une station, Boulevard Décarie.

JOSEPH: Dans le grand monde!

EMILE: Dans le grand monde. Mais c'est seulement temporaire.

JOSEPH: Si tu cherches encore une p'tite "business" payante, laisse-moi te dire que j'y crois plus une miette.

EMILE: Laisse faire. Tu me connais pas. Je suis patient.

JOSEPH: T'es devenu un gars ordinaire, Emile, un gars

comme tout le monde. Oublie donc le reste. Ça reviendra plus. Tu fais un fou de toi quand tu parles comme ça.

EMILE, *qui s'asseoit*: Je vois que t'as pas perdu ton caractère de chien. Je pensais qu'un p'tit repos de trente jours te ferait du bien aux méninges.

JOSEPH: Trente jours de flânage, c'est trop long, justement!... Je fais casser mon plâtre demain et puis je recommence à travailler dans une semaine.

EMILE: Où?

JOSEPH: Je sais pas encore. Faut que je paie l'emprunt que le père m'a mis sur le dos.

EMILE: J'ai quelque chose pour toi.

JOSEPH: Au garage?

EMILE: Ouais,

JOSEPH: Merci. Je me suis écoeuré des garages quand j'étais avec Tit-Mine.

EMILE: Mais là, ce serait pas pareil, t'aurais pas à vendre de chars... On a besoin d'un gars.

JOSEPH: Sur la pompe à gaz?

EMILE: La pompe, l'huile, les crevaisons.

JOSEPH, *méfiant*: Ça paye?

EMILE: Je pourrais te promettre que le patron te donnerait au moins quarante-cinq piastres par semaine.

JOSEPH: Cinquante! Je travaille pas en bas de cinquante!

EMILE: Quand je dis quarante-cinq, je compte pas les heures supplémentaires ni les pourboires.

JOSEPH: Je veux cinquante de base. La vie coûte cher et les impôts montent, comme dit le père.

EMILE: Je te trouve exigeant, mais ça peut s'arranger. Je pourrai pas t'attendre plus qu'une semaine par exemple! Si tu retardes, le patron va en engager un autre.

JOSEPH: Dans une semaine, Emile, je vais être là comme un seul homme.

EMILE: Tu vas avoir la patte un peu raide.

JOSEPH: Je vais me la dérouiller vite, tu vas voir. La

dernière fois que j'ai vu le docteur, il m'a dit que j'avais l'os de la jambe en acier. C'est pour ça que je garde mon plâtre dix jours de moins.

EMILE: Même la jambe cassée, t'es pas capable d'être comme tout le monde, Chrysostôme!... *(Se lève.)* Je t'attends dans une semaine.

JOSEPH, *comme Emile va partir*: Minute!

EMILE: Je suis pressé, Joseph.

JOSEPH: T'as au moins le temps de laisser ton autographe sur mon plâtre?

EMILE: Pour un ami, je peux faire ça.

Il s'asseoit de nouveau et prend un crayon dans sa poche.

JOSEPH: Vas-y! Avec ton écriture du dimanche.

EMILE, *qui regarde le plâtre*: Sais-tu que je vais être à peu près le seul?

JOSEPH: Y a de la place en ·masse. Ecris gros si ça te le dit.

EMILE, *lisant*: Fleurette Latour...

JOSEPH: Y a rien qu'elle qui y a pensé.

EMILE: La tête de mort, là?

JOSEPH: C'est moi, une fois que je m'ennuyais. Le goût m'a pris de dessiner.

EMILE: C'est dommage, par exemple, une belle signature comme la mienne, tu la conserveras pas longtemps... *(Il signe avec ostentation, se lève et remet le crayon dans sa poche.)* Salut, Joseph! Je repasserai te voir, dans le courant de la semaine, si j'ai le temps.

JOSEPH, *tristement presque*: Salut!... Cinquante piastres par semaine, c'est mieux que rien.

Emile sort. Bruits de la ville au loin. Joseph essaie de se replonger dans le journal mais s'en dégoûte aussitôt. Il le replie et le laisse tomber près de lui. Ce qui restait de jour dans la rue s'en va presque totalement, pendant qu'on entend la voix très pure d'un jeune garçon qui chante un cantique latin de l'office. Un réverbère s'allume. Joseph reprend ses béquilles et se lève. Comme il

*va monter les marches du perron pour entrer, il s'immo-
bilise pour regarder venir Bertha, Edouard et Armand
qui paraissent dans la rue. Armand marche près de Bertha et tient un missel dans sa main. Edouard les suit
un peu en arrière.*

JOSEPH: V'là la Sainte-Famille ! Maudit qu'Armand fait
un beau p'tit Jésus !

Il s'avance un peu à leur rencontre.

JOSEPH: Je vais parier, sa mère, que t'as prié pour ma
jambe tout le temps du mois de Marie ?
BERTHA, *qui passe sans le regarder*: J'avais d'autres choses que ça à penser.
JOSEPH, *qui les suit*: T'as prié pour Marguerite, d'abord !
BERTHA *entre dans la maison avec Armand. Sans tourner la tête*: Ça te regarde pas pour qui j'ai prié.

*Edouard jette un regard réprobateur à Joseph et entre
à son tour. Joseph reste quelques secondes dans la rue,
appuyé sur ses béquilles. Dans le living-room, Bertha
enlève son chapeau et ses gants et se prépare à entrer
dans sa chambre.*

ARMAND, *qui suspend son veston et qui parle surtout pour
Edouard*: Après ce qu'on a fait pour lui, il devrait
se montrer moins arrogant.
BERTHA: Si j'avais été là, ça se serait jamais fait. *(Joseph entre à son tour. Bertha fait volte-face comme
elle l'aperçoit.)* Fleurette est pas ici ?
JOSEPH: Est sortie avec son étudiant. Y est correct le
p'tit gars.
BERTHA: Je sais pas si c'est vrai Armand, mais paraît que
sa famille est assez riche.
ARMAND: C'est son premier cavalier qui a du bon sens.
JOSEPH: Ça t'intéresse les "cennes" des autres, hein Bertha ? On dirait qu'y a des signes de piastres qui s'allu-
ment dans tes yeux quand t'en parles.
BERTHA: Edouard ! Dis-lui de plus m'insulter comme ça !
JOSEPH: Et puis t'as hâte de la marier Fleurette, t'as

hâte de la voir partir de la maison. Si t'avais pu, c'est
une fille que t'aurais jamais eue.

BERTHA: Je peux plus l'endurer, ça sert à rien, je peux
plus l'endurer.

EDOUARD, à *Joseph*:   Pense donc un peu au service qu'on
t'a rendu.

JOSEPH: Si vous l'aviez pas fait, le père, j'aurais été en
prison, ça aurait paru dans le journal et puis ça vous
aurait salis. Les affaires d'Armand s'en seraient res-
senties, pas vrai?

ARMAND: La reconnaissance ça existe pas pour lui.

JOSEPH: J'ai pas demandé à revenir ici. C'est vous autres qui m'avez fait sortir de l'hôpital. Si vous êtes
pas contents je peux sacrer mon camp. J'ai jamais
léché les pieds de personne! Je suis pas pour commencer ce soir.

EDOUARD: Joseph! Veux-tu me dire ce que t'as au fond
de la tête? Veux-tu me dire à quoi tu penses au
juste?

BERTHA: C'est rien qu'une tête croche, rien qu'une tête
vide! Sa place est pas ici, sa place est à Saint-Jean-
de-Dieu.

*Et elle s'enferme dans sa chambre en fermant la porte
violemment.*

ARMAND: C'est toujours comme ça que ça retourne avec
toi.

JOSEPH: Je fais pas exprès. A chaque mot que je dis
vous vous choquez!

EDOUARD: T'as pas de coeur, d'abord? T'as pas de
coeur?

JOSEPH: Ça doit pas. Y est mort quand j'étais jeune.

EDOUARD: Profites-en mon p'tit gars, profites-en tant que
tu peux...

*Il lui tourne le dos, traverse le vestibule, sort de la mai-
son pour disparaître dans la rue par la gauche.*

ARMAND: Tu devrais t'apercevoir que t'es en train de le

tuer ton père! Tu devrais t'apercevoir au moins de ça!

Et Armand s'enferme dans sa chambre. Joseph gagne la chaise à bascule et s'y asseoit appuyant sa jambe brisée sur le tabouret. La lumière s'efface totalement dans le living-room pour montrer qu'un certain temps de la soirée s'écoule. Dans la rue, c'est l'éclairage du soir. Entrent Fleurette et Ronald qui se tiennent enlacés. Ils s'arrêtent au milieu de la scène. Ronald lève les yeux au ciel.

RONALD: As-tu déjà compté les étoiles?

FLEURETTE: Jamais... *(Elle rit.)* Y en a trop. Et puis j'aurais trop peur de me mêler dans mes calculs.

RONALD: Une fois, j'ai essayé! Rendu à mille j'étais fatigué.

Ils continuent de marcher jusqu'à la porte d'entrée où ils s'arrêtent de nouveau. Il la serre avec tendresse contre lui.

RONALD: Tu veux pas rentrer tout de suite?

FLEURETTE: Oui, Ronald. Si t'as un examen à passer demain matin, t'es mieux d'aller te coucher de bonne heure.

RONALD, *avec un peu de prétention*:   La chimie organique, c'est ma matière forte... *(Il approche ses lèvres des siennes.)* Quand je suis avec toi, j'ai pas envie de te laisser.

Il l'embrasse. Elle accepte son baiser avec crainte et amour.

FLEURETTE: Tu me dis trop de belles paroles. Après, je pense rien qu'à ça.

RONALD: Tout ce que je te dis est vrai, Fleurette.

FLEURETTE, *essayant de le quitter*:   On va se laisser le bonsoir. Je veux pas nuire à tes études. Tes examens sont plus importants que moi.

RONALD: Reste encore un peu, on va se parler.

FLEURETTE: Une autre fois, Ronald.

RONALD: En as-tu déjà assez de me voir ?

FLEURETTE: J'ai peur que ce soit le contraire qui se produise.

RONALD: Jamais, Fleurette.

FLEURETTE: J'ai peur que tu te fatigues comme quand t'as compté les étoiles.

RONALD: Quand est-ce qu'on va se revoir ?

FLEURETTE: Quand tu voudras...

RONALD, *comme elle pose la main sur la poignée de la porte*:   Non, attends.

Il l'attire gauchement à lui et l'embrasse à nouveau.

RONALD: La prochaine fois on ira encore au cinéma.

FLEURETTE: Oui, Ronald. J'aime tout ce que tu aimes.

Elle ouvre la porte et entre. Ronald prend un mouchoir dans sa poche et s'essuie les lèvres. Puis il sort par la gauche. Fleurette allume une lampe dans le living-room et découvre soudainement Joseph qui est resté assis à la même place où nous l'avons laissé.

FLEURETTE, *surprise*:   T'es pas couché ?

JOSEPH: Non. Je m'endors pas... Tu me demandes pas ce que je pense de ton étudiant ?

FLEURETTE: Tu dois pas l'aimer, hein ?

JOSEPH: J'ai pas dit ça... toi, l'aimes-tu ?

FLEURETTE: Joseph, qu'est-ce que c'est "la chimie organique" ?

JOSEPH: Demande pas ça à un ignorant comme moi.

FLEURETTE: Moi non plus, je le sais pas... Je voudrais comprendre tout ce qu'il me dit. Je voudrais pas qu'il m'aime rien que pour m'embrasser. Je voudrais qu'il m'aime sérieusement. Quand j'étais plus jeune, ça me faisait rien que les garçons m'embrassent... Aujourd'hui, c'est peut-être drôle à dire, on dirait que j'ai changé. J'aimerais que quelqu'un me respecte ! Mais qu'est-ce que je suis pour qu'on me respecte? Je pense qu'il est trop tard pour vouloir ça, Joseph.

JOSEPH: Non, y est pas trop tard. Attends que ma jambe guérisse. Je vais travailler, je vais en gagner de l'ar-

gent moi aussi. Et puis tu vas laisser la manufacture
de boutons, tu vas aller à l'école, c'est moi qui vais
payer tes études. Tu choisiras le cours que tu voudras et t'apprendras tout ce que tu sais pas. Tu vas
parler aussi bien que Ronald, je te le garantis.

FLEURETTE: C'est tout de suite, Joseph... tout de suite
que je voudrais être instruite !

*Elle est au bord des larmes. Elle se dirige rapidement
vers sa chambre et s'y enferme. Joseph prend ses béquilles et se lève. Il regarde en direction de la chambre
de Fleurette et se rend compte qu'il ne peut rien pour
elle. Il va à son tour se diriger vers sa chambre, il a
même le temps d'avancer de quelques pas quand il entend la porte d'entrée s'ouvrir. C'est Edouard qui paraît.
Il a un peu bu. Il suspend son veston à un clou et marche en direction de sa chambre.*

JOSEPH, *à Edouard qui passe devant lui:*   B'soir p'pa.

*Edouard n'en fait aucun cas et entre dans sa chambre.
Joseph reste figé sur place quelques secondes puis, tourne en rond dans la pièce, ne sachant où aller. Désespéré
d'être aussi seul, il lève une béquille en l'air et l'abat
sur le plancher.*

JOSEPH, *sans crier:*   Maudite vie !

Musique et rideau. C'est la fin du troisième acte.

QUATRIÈME ACTE

QUATRIEME ACTE

SCÈNE XVII

Deux semaines plus tard, un vendredi soir, vers neuf heures. Bertha est seule en scène, assise dans les marches du perron. Pour être plus confortable, elle a placé un oreiller sous elle. On voit à son humeur et ses gestes qu'elle a chaud. Sirène de bateau au loin. On entend une voix de femme qui chante.

Les grands soleils les belles nuits
Et toute la chaleur d'été
Ne chasseront jamais l'ennui
Qui rôde dans les bas quartiers

Tous les navires dans le port
Finiront bien par s'en aller
Et ceux qui rêvent de départ
En auront l'âme chavirée

Les bancs des parcs et les perrons
Sont amarrés à tout jamais
Les amoureux n'ont pas raison
D'attendre ainsi le mois d'juillet

Edouard sort de la cuisine, une bouteille de bière et un verre à la main. Il passe dans le living-room, tire une chaise et s'asseoit à un bout de la table. Il se verse nerveusement à boire.

EDOUARD, *appelant*:   Bertha!... Bertha!...

Elle soupire et se lève de mauvais gré. Ramassant son oreiller. Elle entre dans la maison.

BERTHA: Tu peux pas me laisser me reposer une minute ? Qu'est-ce que tu me veux ?

EDOUARD: T'as pas vu Armand ?

BERTHA: Il finit à neuf heures le vendredi soir, tu le sais bien !

EDOUARD, *presque pour lui-même*:   Joseph non plus est pas rentré. C'était sa première paye ce soir. J'ai hâte d'avoir des nouvelles, c'est pour ça. Il m'a promis d'aller faire le premier paiement en mon nom. "Tout de suite en partant de la station, je passe par la Caisse Populaire"... C'est ce qu'il m'a dit ce matin. Je devrais pas m'inquiéter, hein, Bertha ?

BERTHA: Je te l'ai dit quand y a recommencé à travailler : moins j'entendrai parler de lui, mieux ce sera pour moi.

Elle va en direction de sa chambre, ouvre la porte, lance l'oreiller sur le lit, referme la porte, va tourner le bouton de la radio, et s'asseoit pour écouter la musique.

BERTHA: Les grandes chaleurs qui commencent. On va en avoir pour trois mois. L'été c'est comme l'enfer. Trois mois d'enfer à endurer. Jamais de repos, jamais de plaisir. Trois mois à m'écraser sur le perron pour essayer d'attraper une p'tite brise... Je me demande comment ça va être pour les damnés ? Ça pourra pas être pire.

EDOUARD, *très doucement*:   Bertha...

BERTHA, *dure*:   Quoi ?

EDOUARD: Un jour, je pourrai peut-être te donner un peu plus de confort.

BERTHA: J'y compte plus. J'ai attendu trop longtemps pour rien.

EDOUARD: La vie de Joseph va se stabiliser, Fleurette va finir par se marier, je vais avoir moins d'obligations. Ça va me permettre de t'offrir un peu plus de luxe.

BERTHA: Tu rêves tout haut. Garde donc ça pour toi.

EDOUARD: Je te demande d'avoir un peu plus de patience et de me croire.

BERTHA: J'en ai eu de la patience. Elle s'est usée.

Et le silence s'installe. La lumière diminue sur eux. Entrent Fleurette et Ronald dans la rue. Ce n'est déjà plus le jeune couple amoureux que nous avons connu.

FLEURETTE: C'était pour me dire ça que tu m'invitais ce soir ?

RONALD: J'aurais pu te le dire au téléphone mais j'ai pensé que ce serait pas honnête.

FLEURETTE: Si tu m'aimes déjà plus, ça veut dire que tu m'as jamais aimée d'amour ?

RONALD: Je voulais pas me l'avouer mais je savais qu'on en viendrait à ça, un jour... Avec toutes les années d'études qui me restent...

FLEURETTE: Tu t'en fichais de tes années d'études quand tu restais tard sur le perron pour m'embrasser... Tu t'en fichais aussi le soir où tu m'as amenée chez toi pendant que tes parents étaient partis en voyage... Tu m'avais dit qu'il y aurait une fête mais on était tout seuls. Je t'ai pas demandé pourquoi. Après ce qui s'est passé ce soir-là, je pensais que t'étais sérieusement en amour avec moi.

RONALD: J'aurais pas dû, je le sais que j'aurais pas dû. J'ai eu des regrets le lendemain.

FLEURETTE: Pas moi. Moi j'ai pas eu de regrets.

RONALD: Pardonne-moi, Fleurette, et laisse-moi partir. Maintenant je le sais qu'il faut pas jouer avec l'amour... Dis-moi que tu m'en veux pas que je m'en aille, dis-le moi !

FLEURETTE: Jusqu'à ce soir, j'ai rien fait pour te retenir... Je savais d'avance moi aussi que j'avais pas ce qu'il fallait pour te retenir.

RONALD: Tu vas te faire d'autres cavaliers, tu vas m'oublier vite, tu vas voir... J'ai déjà eu une peine d'amour, je connais ça.

FLEURETTE: Je t'ai pas demandé de rester pour me consoler. Pourquoi que tu t'en vas pas tout de suite au lieu de continuer à parler ?

RONALD: Je veux que tu me pardonnes, avant. *(Il la touche.)*

FLEURETTE: Non. Et puis touche-moi pas !

RONALD: Je te le demande, Fleurette.

FLEURETTE: Jamais ! Je te le pardonnerai jamais !

Ronald la regarde désespérément, ouvre la bouche pour ajouter quelque chose mais se ravise, lui tourne le dos et sort. Fleurette a un mouvement instinctif vers lui, mais s'immobilise aussitôt.

FLEURETTE, *les yeux mouillés de chagrin*: Ronald !... Qu'est-ce que c'était les beaux vers ?... Qu'est-ce que que c'était ?... *(Elle essaie.)* "Un coeur à l'autre uni"... Je les avais appris par coeur, je les avais appris pour rien.

Pour s'empêcher de pleurer, elle se mord le poing. Puis elle se contient, s'essuie les yeux et entre dans la maison. Elle traverse rapidement le living-room sans un mot et entre dans sa chambre.

BERTHA: Qu'est-ce qu'elle a encore celle-là ?

EDOUARD: Je sais pas. Du chagrin, comme tous les enfants.

BERTHA: Dis-moi pas qu'elle vient de casser avec son étudiant.

Elle tourne le bouton de la radio et la musique cesse. Entre Armand. Aussitôt, Edouard se lève et l'interroge du regard dans l'attente d'une bonne nouvelle. Mais Armand n'est pas d'excellente humeur. Il devine tout de suite ce que son père attend de lui et continue de se taire. Il dépose sa serviette dans un coin, enlève son veston, dénoue sa cravate et s'étire. Edouard suit tous ses gestes avec angoisse. Il n'attend qu'un mot. Qu'un seul mot.

EDOUARD *se risque enfin*:   C'est fait, Armand? C'est fait?

ARMAND, *qui en a presque pitié*:   Tu y as cru jusqu'à la dernière minute, hein ?

EDOUARD: Dis-moi qu'il est passé à la Caisse! Dis-moi qu'il a tenu parole !

ARMAND *fait "non" de la tête*:   ...Il s'est pas montré le nez.

EDOUARD: Il a été retenu à la station dans ce cas-là ! Il a été obligé de faire des heures supplémentaires ! Il va me donner l'argent de main à main.

Il commence à marcher dans la pièce, de long en large, comme un animal en cage.

ARMAND: A ta place, je me ferais pas trop d'illusions, le père.

EDOUARD: Je suis certain qu'il est arrivé quelque chose d'imprévu. Y aurait pas pu me faire ça. Je le crois pas. Je le croirai pas tant qu'il sera pas revenu.

BERTHA: Si t'arrêtais de marcher un peu, t'es pas dans une cage ! Un vendredi soir, tu sais bien qu'il est allé boire sa paye.

EDOUARD: Dis pas ça ! *(Se tourne vers Armand.)* T'es sûr Armand ? T'es sûr qu'y est pas allé ?

ARMAND: Je suis resté à la Caisse jusqu'à la fermeture, je l'aurais vu !

EDOUARD: La dernière fois que je plaçais ma confiance en lui, la dernière, et il fallait qu'il me triche.

BERTHA: Moi je vais prendre un peu de frais, on crève de chaleur ici-dedans.

Elle sort.

EDOUARD *ne s'en occupe pas. A Armand, toujours*:   Tu dois savoir où il se tient de coutume?... T'irais pas voir, t'irais pas le chercher avant qu'il ait tout gaspillé?

ARMAND: Tu penses pas qu'il est assez grand pour prendre soin de ses affaires tout seul, le père ...

EDOUARD: Il a peut-être été entraîné, tu le sais pas !

ARMAND, *rit*:   C'est plutôt lui qui entraîne les autres.

EDOUARD: J'irais avec toi si tu voulais.

ARMAND: Non. J'ai pas le goût de courir les "grills" et
les tavernes. Il le mérite pas, le père... *(Il bâille.)* Ma
journée est faite et puis je m'endors.

*Armand entre dans sa chambre. Edouard ne sait plus
quoi faire. Il piétine sur place quelques secondes, puis
sort dehors où il retrouve Bertha qui s'est assise dans les
marches du perron. Edouard regarde avec inquiétude
dans les deux directions de la rue et, ne voyant rien venir, s'asseoit à son tour, près de Bertha. Quelque part,
dans une maison du faubourg, une jeune femme, ou une
enfant, joue du piano. Quelque chose dans le genre de
"For Elise", de Beethoven.*

EDOUARD: Il m'a désappointé sur toute la ligne. Mais je
suis encore là à l'attendre.

BERTHA: T'es le seul.

EDOUARD: C'est pourtant pas un fou, Bertha !

BERTHA: C'est un raté, tu peux plus le changer.

EDOUARD: Je suis attaché à lui par je sais pas trop quoi...
Quand il était jeune, si tu savais comme c'était un
enfant qui promettait ! A l'école, il arrivait pas le
premier mais ses rangs étaient bons... Et puis, tout
à coup, crac! en quatrième année, quand sa mère
est morte. Il est arrivé le dernier de sa classe dix fois
sur dix. L'année suivante, il a refusé d'y retourner;
j'ai tout essayé. Un soir il m'a fait perdre la tête et
je lui ai donné une fessée tellement forte que j'ai eu
peur de le tuer... Le lendemain, il m'a ri au visage.
Il m'a dit que je pouvais recommencer si ça me plaisait, mais qu'il retournerait pas à l'école... Après ça,
tout ce qu'il m'a apporté c'est des tracas, des tracas... Dis-moi pourquoi j'attends encore quelque chose de lui, Bertha ?

BERTHA: Parce que tu lui ressembles, parce que t'es aussi
entêté que lui.

Elle se lève.

EDOUARD: Tu rentres ?

BERTHA: Oui. Fait aussi chaud dehors qu'en dedans. Le vent est mort, on étouffe. Comme moi j'attends rien ni personne, je suis aussi bien d'aller me coucher.

Elle entre et va s'enfermer dans sa chambre après avoir éteint quelques lampes du living-room. Edouard reste seul assis sur le perron, la tête entre ses deux mains.

SCÈNE XVIII

Une heure plus tard, dans le "grill". La place est vide. Entrent Joseph et Emile. Ils sont passablement éméchés. Tous deux portent leur costume de vendeurs d'essence. Musique d'ambiance et d'époque.

JOSEPH *regarde autour de lui:*   Pas grand-monde!... La pêche est pas bonne ce soir. *(Il crie.)* Waiter! *(Il s'asseoit.)* C'est le cinquième club qu'on patrouille ?

EMILE: Ouais. Cinq clubs plus une "barbotte". *(Il s'asseoit.)* On aurait dû se changer, comme je t'avais dit.

JOSEPH: Fatigue-moi pas avec ça, c'était pas notre soir de chance, c'est tout.

Entre le garçon de table.

JOSEPH: Deux "double ryes".

Le garçon acquiesce et sort.

JOSEPH: Pas chanceux avec les femmes, je pensais qu'on serait chanceux à la barbotte.

EMILE: Ça faisait des années que je jouais plus! Mais fallait que tu me pousses à recommencer.

JOSEPH: T'étais pas obligé de jouer, t'avais rien qu'à me laisser faire.

EMILE: Ça me crevait le coeur de te voir perdre.

Entre le garçon. Il les sert et s'en va.

JOSEPH: Je voulais rentrer dans mon argent, je voulais
tenir la promesse que j'ai faite au père.

EMILE: T'avais rien qu'à retourner chez toi après le travail !

JOSEPH: J'avais promis, Emile, j'avais promis !

EMILE: Je le sais. Mais t'aurais pas dû ! T'es pas capable de tenir une promesse.

JOSEPH: Dis pas ça ! *(Il crie.)* Waiter !

EMILE: Moi, c'est le dernier verre que je te paye, Joseph.

JOSEPH: T'es fou ! Je voulais boire toute la nuit !

EMILE: On travaille demain. Tu sais qu'on a des grosses
journées le samedi.

JOSEPH: Je m'en sacre ! Je veux prendre un coup.

EMILE: Je t'avertis que c'est le dernier. T'as pas d'argent pour continuer à boire.

JOSEPH: Ils m'ont lavé, Emile, ils m'ont rien laissé. Si
j'avais eu un char, je le jouais, ils me le prenaient.
(Au garçon de table qui vient d'entrer.) Deux autres
doubles, après on s'en va ! *(Le garçon sort. A Emile.)*
Celui-là, je te l'offre ! Mais paye-le, je te remettrai ça
sur mon salaire de vendredi prochain.

EMILE: Je vais m'en souvenir, Joseph !

JOSEPH: On prend celui-là, puis après on se trouve des
femmes. *(Au garçon qui vient les servir.)* Tu pourrais les remplir un peu plus ! C'est des coups d'enfants d'école ça !

*Le garçon se contente de déposer l'addition sur la table
et s'éloigne.*

JOSEPH: Tu parles d'un maudit voleur ! Y a même pas
deux onces !... On se trouve des femmes puis on mon-
te dans le nord avec.

EMILE: Je t'ai dit que je rentrais, Joseph.

JOSEPH: Okay, laisse-moi tout seul, je m'en sacre ! J'ai
toute la nuit pour finir mon verre. Je rentre pas à la
maison ce soir.

EMILE: As-tu peur de ton père ?

JOSEPH: J'ai peur de personne !... Ni de toi, ni du père, ni du "waiter", ni de personne... Tout ce que je demande, c'est qu'il soit pas là, à m'attendre...

EMILE: T'aggraves ton cas, Joseph. Si tu rentres pas ce soir, c'est demain que t'auras des comptes à rendre. C'est pas en te saoûlant comme un cave que tu vas régler tes problèmes d'argent. On prend un taxi et puis je te laisse en passant.

JOSEPH: Je t'ai dit que je restais. Va-t'en si tu veux, ça m'est égal. Et puis je me sacre de mes dettes, je me sacre de tout le monde... Mais lui, lui le père, avec son grand visage de chien battu... Y a quelqu'un qui a triché quelque part, y a quelqu'un qui fait que la vie maltraite toujours les mêmes ! Y a quelqu'un qui a mêlé les cartes, Emile, va falloir le trouver. Va falloir le battre à mort, Emile... Ça fait assez longtemps que je le cherche ! Je vais le trouver ! Je vais le trouver ! J'en ai assez de traîner l'enfer derrière moi.

EMILE *se lève:*   Tu déparles, Joseph... je suis plus intéressé à t'entendre déparler plus longtemps. *(Il jette de l'argent sur l'addition.)* Salut!

Et il sort.

JOSEPH: C'est ça, salut !... Salut, Chrysostôme !... Quand je reste tout seul, je fais pas de bêtises aux autres. *(Il enfile son verre et éclate de rire.)* C'est comme ça que ça devait finir... *(Il se lève et va s'adresser au couple d'amoureux de la table suivante.)* Pas vrai ? Pas vrai que c'est comme ça que ça devait finir ? *(Le couple se lève et sort. Joseph les regarde sortir désespérément.)* Ça finit toujours comme ça... *(Il rit et redevient sérieux.)* Y a toujours quelque part un chien galeux qui traîne sa maudite misère la nuit... *(Et il entame la chanson grivoise du parc Lafontaine.)*

T'as pas besoin d'chercher longtemps
Pour trouver chaussur' à ton pied
Etc...

SCÈNE XIX

*Quelques minutes plus tard. Complètement ivre, Joseph
paraît sur la passerelle, continuant de chanter sa chanson. Il s'arrête de chanter lorsqu'il voit paraître la mère
Brochu en bas. Il s'accroche au réverbère pour l'inter-
peler.*

JOSEPH: Mais c'est mémère Trente-Sous qui se promène
la nuit comme ça ! Comment vont vos rhumatismes,
mémère Trente-Sous ?... Avez-vous pris soin de vos
chats aujourd'hui?

BROCHU, *qui s'est arrêtée et qui lève la tête et son parapluie dans sa direction*: Espèce d'ivrogne! Espèce
de malapris !... Suppôt de Satan !... Grand flanc
mou !...

JOSEPH, *qui éclate de son grand rire brisé*: C'est pas bien,
mémère... c'est pas correct de dire du mal de son
prochain... Une de ces nuits, le "yâble" va vous appa-
raître dans votre lit avec sa p'tite fourche... Pour
vous punir, mémère... Pour vous punir il va faire
cuire tous vos matous dans une grande marmite...
*(Et de nouveau il éclate de rire et entonne une autre
chanson.)*

T'as perdu ton innocence
En arrièr' d'la fact'rie d'coton
En faisant des indécences
Avec un joli garçon...

BROCHU, *scandalisée, les deux mains sur les oreilles*: Y
a du monde qui sont pas du monde... qui descendent
en droite ligne du serpent...

*Elle sort. Paraît Dolorès, devenue prostituée qui s'arrê-
te dans la rue. Joseph qui l'aperçoit s'amène en titubant
dans sa direction. Pour lui, elle est une femme, il n'a
pas encore reconnu Dolorès. Péniblement il sort son paquet de cigarettes de sa poche.*

JOSEPH: Si t'as du feu, beauté, on va fumer mes deux
dernières cigarettes ensemble... Ouais... Parce qu'a-
près ces deux-là, il me restera plus rien... *(Il ricane en
lui offrant une cigarette qu'elle accepte.)* C'est pas
des rouleuses, bébé, c'est des "achetées toutes faites"...
Des soirs comme ça, je me paye un p'tit luxe.

*Elle l'allume et s'allume. Il la reconnaît. Il a un petit
mouvement de recul.*

JOSEPH: Si je me trompe pas trop... je pense que je te
connais toi...
DOLORÈS, *dure*: Tu te trompes pas.
JOSEPH *l'examine des pieds à la tête*: Si mes yeux me
font pas défaut, je devine même ce que t'es devenue.
DOLORÈS: Même si t'es soûl, t'as des bons yeux.
JOSEPH: C'est arrivé, hein? C'est arrivé comme je t'a-
vais dit... Et puis ça, grâce à qui? Grâce à Tit-Mine.
Grâce à notre maquereau national qu'on devrait pro-
mener chaque année dans la procession de la Saint-
Jean-Baptiste. *(Il ricane.)*
DOLORÈS: C'est pas rien que lui. C'est tous les autres.
C'est tous ceux qui ont jamais su aimer les femmes.
(Très dure.) C'est tous ceux qui se servent des fem-
mes commes des torchons... Des gars comme toi, y en
a plusieurs.
JOSEPH, *agressif*: Moi, je t'avais mise en garde, bébé, tu
peux pas dire le contraire.
DOLORÈS, *qui hausse les épaules avec mépris*: C'était fa-
cile. Ça c'est toujours facile... Mais c'est pas ça qui
change quelque chose... Laisse-moi passer...
JOSEPH: Attends!... Attends, bébé!...

*Il a dit ça presque suppliant. Il vire ses poches à l'en-
vers comme s'il cherchait de l'argent.*

DOLORÈS: Qu'est-ce que tu veux que j'attende au juste?...
T'as rien de plus que les autres à donner...
JOSEPH: Je me souvenais plus, je me souvenais plus que
j'étais complètement lavé... Avec Emile... Tu l'as con-

nu, je pense, Emile? Avec Emile, on a pris un enfant de chienne de coup, ce soir...

DOLORÈS: Chaque fois que je t'ai vu, c'est ce que tu faisais...

JOSEPH: Attends, bébé... Il doit y avoir moyen de...

DOLORÈS: Tu voudrais pas passer la nuit tout seul, hein?... T'aurais besoin de soutien moral toi aussi!... *(Elle éclate de rire.)*

JOSEPH: Qu'est-ce que tu as?...

DOLORÈS: Plus je vieillis, plus je m'aperçois que tous les hommes ont le même visage, les mêmes manies, les mêmes faiblesses.

JOSEPH: Ecoute-moi.

DOLORÈS: Qu'est-ce que ça me donne?... Si t'avais voulu un jour... C'est pas l'argent que j'aurais attendu de toi...

Elle le repousse, s'éloigne et sort.

JOSEPH, *qui a un mouvement pour la suivre:*   Ecoute-moi!... Ecoute-moi, une minute, Dolorès!... *(Elle est sortie. Il fige sur place, oscillant sur ses deux jambes. Au loin, dans la nuit, une sirène de navire. Bas, entre ses dents, Joseph recommence à fredonner.)* "T'as perdu ton innocence... En arriè' d'la fact'rie d'coton..."

Puis il pivote sur lui-même et va pour s'orienter dans une autre direction. Paraît un petit garçon, misérablement vêtu. Dès qu'il l'aperçoit, Joseph s'arrête devant lui. L'enfant de même sans avoir aucunement peur.

JOSEPH, *sur un ton plus élevé:*   Où est-ce que tu vas en pleine nuit comme ça, toi?

L'ENFANT: Nulle part.

JOSEPH: Comment ça nulle part? C'est où ça nulle part?

L'ENFANT: C'est au bout de la rue, je tourne à droite et puis je continue. Je marche jusqu'au bout de la rue, et puis je tourne à gauche et je continue.

JOSEPH: C'est pas une réponse ça, p'tit gars...

L'ENFANT: Moi je me comprends. Je sais où je veux aller.

JOSEPH: T'as quel âge?

L'ENFANT: Ça te regarde pas.

JOSEPH, *qui ricane*:   T'es direct... T'es direct en maudit!

L'ENFANT: Je cherche le cimetière.

JOSEPH: Le cimetière! Quel cimetière?

L'ENFANT: Celui où ma mère est enterrée.

JOSEPH, *bouleversé par cette réponse*:   Ah! parce que ta... *(Il n'achève pas.)* Veux-tu que j'y aille avec toi? Je suis comme toi moi aussi, j'ai rien à faire. Je suis pas tellement solide sur mes deux jambes mais je serais capable de trouver le chemin.

L'ENFANT: J'ai besoin de personne. Je suis déjà allé une fois, je suis capable d'y retourner tout seul.

JOSEPH: C'est loin, Tit-gars, c'est loin en Baptême... faut que tu grimpes dans la montagne.

L'ENFANT: Une nuit je le retrouverai.

Les deux poings dans ses poches, il s'enfonce dans la nuit.

JOSEPH, *désespéré presque*:   Tit-gars!... Attends une minute, Tit-gars! Hé! Tit-gars!... Moi aussi j'aimerais aller au cimetière... *(Il passe de la tristesse au sourire. Et lentement en secouant la tête il éclate de rire. Quelque part, une voix de femme chante.)*

> Tous les enfants perdus
> Qui errent dans le monde
> Retrouveront la rue
> Où les attend leur blonde

Et toutes les lumières s'éteignent dans la rue. On entend au loin le bruit d'un marteau-pilon qui frappe à un rythme soutenu sur l'acier et le béton de la ville. Joseph est sorti de scène.

SCÈNE XX

Quelques secondes plus tard. Le living-room est sombre.
Edouard y est assis, seul. Entre Joseph dans la rue du
côté droit. Il titube et continue de chanter: "T'as perdu
ton innocence...". A plusieurs reprises, il risque de s'ef-
fondrer sur le trottoir. Il se rend jusqu'au perron avec
beaucoup de difficulté. Dans le living-room, le père se
lève dès qu'il entend la voix de Joseph. Il se tient de-
bout, très droit, immobile près de l'entrée du vestibule.
Joseph réussit à ouvrir la porte et pénètre à l'intérieur de
la maison. Et comme il va passer au living-room en
chantant, il trébuche et tombe par terre juste aux pieds
d'Edouard. Il cesse de chanter pour éclater de rire. Mais
son rire se fige lorsqu'il découvre les pieds de son père
près de lui. S'agrippant aux jambes d'Edouard, tant
bien que mal, il commence à se lever.

JOSEPH, *enfin debout*:   B'soir p'pa... B'soir p'pa.

Son père le regarde et ne répond pas.

JOSEPH: Tu pourrais me dire bonsoir le père! C'est vrai!
Je suis poli, moi! Tu pourrais être poli, toi aussi!...
Penses-tu que je suis surpris de te voir? Je suis pas
surpris une miette!... Je savais que tu serais debout,
je savais que tu m'attendrais... Je l'ai dit à Emile, tu
peux lui demander; j'ai dit: Emile je te gage cent
piastres que le père va m'attendre.

Eveillé par les voix, Armand paraît dans sa porte de
chambre. Il fait de la lumière.

JOSEPH: Armand aussi, je le savais! Je savais que vous
seriez pas capables de vous endormir avant que j'arrive. Je me suis pas trompé, je me suis pas trompé,
le père. On aurait dit que c'était tout arrangé d'avance. Ouais! Parce que vous deviez avoir hâte de savoir
si j'allais apporter mes quarante piastres... Parlez!
parlez, maudit!... Dites quelque chose! Restez pas là,
la bouche ouverte comme des poissons morts. Vous
m'attendiez ou bien vous m'attendiez pas?

BERTHA, *qui paraît à son tour dans sa porte de chambre*:
Qu'est-ce que t'as à crier comme ça, toi? As-tu perdu la boule? Veux-tu réveiller toute la rue?

JOSEPH: Toi, je t'ai pas adressé la parole, Bertha. Rentre dans ta chambre et dis pas un mot. Là, je suis en conférence avec le père et Armand.

ARMAND: On parlera de tes affaires demain, Joseph. Il est trop tard pour discuter de ça, ce soir.

JOSEPH: Trouves-tu qu'il est trop tard, le père? T'étais là, debout comme un brave, quand je suis rentré! Trouves-tu qu'il est trop tard?

BERTHA: Armand a raison, va te coucher, espèce d'ivrogne.

JOSEPH: Certain qu'Armand a raison. Il a toujours eu raison le p'tit gars à sa mère! *(Il fonce en direction de Bertha.)* Certain que je suis rien qu'un ivrogne! Mais j'ai pas d'ordres à recevoir de toi, la grosse Bertha. T'es pas ma mère! Tu seras jamais une mère pour moi.

BERTHA: Je voudrais pas avoir traîné un voyou comme toi dans mon ventre!

JOSEPH: J'aime autant être un voyou, Bertha, et pouvoir me dire que ta fille Marguerite est pas ma vraie soeur.

BERTHA: Touche pas à Marguerite!

JOSEPH: Si c'était une bonne fille comme Fleurette, j'y toucherais pas, mais c'est pas une bonne fille... Je sais ce qu'elle est devenue Marguerite, tout le monde de la paroisse le sait, et si tu le sais pas toi, je peux te l'apprendre.

ARMAND: Marguerite est secrétaire dans une grosse compagnie, laisse-la tranquille.

JOSEPH: Si Marguerite est secrétaire, moi je suis premier ministre! La vérité va sortir de la bouche d'un ivrogne, de la bouche d'un voyou, Bertha. En quatre ans, ta fille Marguerite a fait du chemin, Bertha. Ça lui a pris quatre ans mais elle a réussi. Elle a jamais été secrétaire de sa maudite vie par exemple! Mais fille de vestiaire, ah! oui! Raccoleuse dans un club en-

suite, ah ! oui ! certain ! et puis maintenant, elle gagne sa vie comme putain dans un bordel.

BERTHA *crie:*   Mets-le à la porte, Edouard, mets-le à la
porte !

JOSEPH: Pas dans un bordel de grand luxe ! Mais dans
ce qu'on trouve de plus "cheap" rue De Bullion.

ARMAND: Répète plus ça, Joseph, répète plus jamais ça!

*Armand lève la main mais Joseph le repousse violem-
ment.*

JOSEPH: Essayez de me prouver que c'est pas vrai si
vous êtes capables, essayez !

Bertha s'enferme dans sa chambre avec furie.

ARMAND: Il est devenu dangereux, le père, reste pas avec
lui, écoute-le plus.

Et il entre lui aussi dans sa chambre apeuré.

JOSEPH: Là non plus, tu dis rien, le père ? C'est parce
qu'elle a honte, Bertha, qu'elle va se cacher. Tu l'as
vue sa honte monter dans son visage ? L'as-tu vue ?...
Je gagerais n'importe quoi avec toi qu'elle le savait
pour Marguerite. Qu'elle l'a toujours su... Tu dis
rien ? Ça t'est égal ? Je te comprends un peu ! C'était
pas ta fille après tout !... Parle ! Parle donc ! Tu le
dis pas pourquoi t'es resté debout à m'attendre ? Es-
tu comme eux autres, toi aussi ? As-tu peur de voir
la vérité en pleine face ?... La vérité, c'est que j'ai pas
tenu ma promesse, le père ! La vérité, c'est que j'ai
bu la moitié de ma paye et que j'ai flambé le reste
dans une barbotte !... Es-tu content ? Es-tu content,
là ?... Et puis ça, c'est toi qui l'as voulu, le père ! C'est
de ta faute. Rien que de ta faute. T'avais seulement
qu'à pas me faire promettre. T'avais seulement qu'à
pas me mettre de responsabilités sur les épaules. T'a-
vais rien qu'à me laisser me débrouiller tout seul, y a
deux mois, quand je me suis retrouvé à l'hôpital avec
ma jambe cassée... Tu devrais pourtant être assez

vieux pour savoir qu'on rend pas service à un gars
comme moi. Qu'un gars comme moi, c'est pas fiable
pour cinq "cennes"!... Tu le savais pas, ça? Tu le
sais pas encore? Réveille-toi! Réveille-toi donc!
Je m'appelle pas Armand, moi, j'ai pas d'avenir, j'ai
pas de "connection", j'ai pas de protection nulle part!
Je suis un bon-à-rien, un soldat manqué qui a seulement pas eu la chance d'aller crever au front comme
un homme... Parle! C'est ton tour, Christ! Parle!

EDOUARD, *d'une voix basse, pesant bien chaque mot*:   Je
réglerai ton cas demain matin.

*Il lui tourne le dos et se dirige vers sa chambre où il
s'enferme. Joseph, décontenancé d'abord, puis hors de
lui, marche désespérément vers la porte fermée.*

JOSEPH *frappe à coups de poings dans la porte*:   C'est ça!
C'est ça! Va coucher avec la grosse Bertha. Ça fait
vingt ans que tu couches avec elle et que tu l'aimes
pas... Tu l'as mariée parce que t'étais pas capable
de rester tout seul, parce que t'étais lâche... *(Il s'effondre à genoux par terre.)* J'en avais pas besoin de
Bertha, moi. Toi non plus, le père. On aurait pu
continuer notre chemin ensemble, tous les deux, tout
seuls... Non, le père! A fallu que tu la prennes avec
nous autres, que tu l'amènes dans notre maison... jus-
que dans le lit de ma mère... C'est ça que je voulais
te dire depuis longtemps, c'est ça... Mais fais attention, le père! Moi, je suis là! Je suis là pour te le
faire regretter toute ta vie! Tu me comprends? Toute ta Christ de vie!

*Et il éclate en sanglots comme un enfant puis s'éloigne
de la porte de chambre en titubant. Fleurette sort de
sa chambre et s'approche avec inquiétude de Joseph.
Son visage est bouleversé. Joseph qui l'aperçoit se voile
le visage, pousse un long gémissement, fait quelques pas
pour s'en éloigner et s'effondre par terre.*

FLEURETTE *se penche sur lui:*   Joseph!… Y a pas grand-
chose de beau dans le monde, hein ? Y a pas grand-
chose… On dirait que c'est tout le temps vide. *(Elle*
lui caresse les cheveux.) C'est vrai ce que t'as dit
pour Marguerite ?… J'ai peur de faire comme elle,
Joseph… Peut-être qu'on est moins malheureuse
quand on se laisse aimer par tout le monde !… *(Elle*
le regarde avec tendresse, se lève, va décrocher la
vareuse de Joseph et le veston d'Armand et vient en
recouvrir son frère qui gît sur le sol.) Dors. Dors
quand même. T'as tellement l'air fatigué. T'as tellement l'air malade. Faut pas que tu boives comme
ça, aussi ! *(Douce.)* Espèce de vaurien… Espèce de
chenapan… Espèce de sans-dessein ! Si j'étais ta mère,
je te chicanerais…

Elle le caresse et le regarde une dernière fois, puis se
relève et va s'enfermer dans sa chambre. Lentement,
Joseph se replie sur lui-même, prenant la position du
foetus. La lumière s'éteint graduellement jusqu'au noir
total pendant qu'on entend une voix de femme qui chan-
te.

    Tous les enfants perdus
    Aux sables des nuages
    Ne retrouveront plus
    Le pays des mirages

Puis, après quelques secondes d'obscurité, péniblement
l'aube d'un jour nouveau et gris se lève sur la ville. Au
loin, très loin, la cloche d'une église sonne les Matines.
Une voix d'homme chante l'office du matin en latin.
Pas d'un cheval dans la rue voisine. Premiers bruits de
la ville, grêles et diffus. Sur le plancher du living-room,
Joseph dort toujours. Il y a de la lumière dans la cui-
sine. On en distingue la lueur par une fente de la ten-
ture. Et on suppose que Bertha et Armand y sont déjà
puisque nous entendons leurs voix.

VOIX DE BERTHA: Des "toasts" ?

VOIX D'ARMAND: Non.

VOIX DE BERTHA: Un oeuf d'abord ?

VOIX D'ARMAND: Merci, m'man.

VOIX DE BERTHA: Après une nuit de fou pareille, je te comprends de pas vouloir manger.

BERTHA, *qui paraît sous l'arche de la cuisine:*   Je vais faire les lits.

Elle se dirige vers la chambre des garçons. Elle est obligée d'enjamber le corps de Joseph pour s'y rendre. Elle aurait la tentation de lui donner un coup de pied en passant mais elle se ravise et entre dans la chambre. Armand sort de la cuisine à son tour et se dirige vers la penderie pour prendre son veston. Ne le trouvant pas tout de suite, il le découvre sur les épaules de Joseph. Il le regarde avec dégoût et va lui arracher son veston. Joseph bouge quelque peu puis retombe dans l'immobilité totale. Fleurette sort de sa chambre, les traits tirés, et s'approche de Joseph pour regarder s'il dort toujours.

ARMAND: Un beau spectacle, hein !

FLEURETTE: Pauvre Joseph !...

ARMAND: Tu trouves moyen de le plaindre ? Tu devrais être scandalisée, tu devrais te fermer les yeux devant ça.

FLEURETTE: C'est pas en fermant les yeux qu'on arrange les choses.

ARMAND: Les filles d'aujourd'hui, tout leur est égal.

Fleurette va chercher un peigne sur la commode et s'en va à la cuisine. Armand hausse les épaules et continue de marcher dans le living-room.

ARMAND, *comme il s'arrête près de Joseph:*   Réveille-toi ! Tout le monde est debout pour aller travailler, réveille-toi comme les autres ! Si tu penses qu'on va avoir pitié de toi, tu te trompes. T'as jamais eu pitié de rien ni de personne. T'as passé ta vie à cracher sur tout le monde. Ce sera bientôt à notre tour de cracher sur toi.

*Comme il voit Joseph bouger de nouveau, Armand cesse
aussitôt de l'invectiver et s'en éloigne. Péniblement, Joseph commence à s'éveiller. Tout tourne autour de lui,
il a mal à la tête, sa bouche est pâteuse et la lumière
du jour lui crève les yeux. Il se raidit contre ces malai-
ses et fait tous les efforts pour se relever. Il y parvient
en s'agrippant aux meubles. Il dépose sa vareuse de
soldat sur la table, s'assure que ses jambes vont le sup-
porter et fait quelques pas, en direction de la cuisine.
C'est à ce moment qu'Edouard paraît dans sa porte de
chambre et qu'il l'interpelle.*

EDOUARD: Joseph !

*Joseph s'immobilise et tourne difficilement la tête dans
sa direction.*

JOSEPH, *d'une voix calme*:   Qu'est-ce que tu veux, le
père ?

EDOUARD: Où c'est que tu vas ?

JOSEPH: Je veux me laver un peu... pour me réveiller...
Y a des aspirines dans la pharmacie ?

EDOUARD: Laisse faire les aspirines, je veux te parler.

Il s'approche de quelques pas dans sa direction.

JOSEPH: Attends, ce sera pas long. Cinq aspirines et puis
tu me diras tout ce que tu voudras.

EDOUARD: Je t'ai dit de laisser faire les aspirines !

JOSEPH: Okay, okay, pas si fort ! Tu vois pas que j'ai
mal au bloc ?... *(Il tourne le dos à son père.)* Ah ! puis
je sais d'avance ce que tu vas me dire. Perds donc
pas ton temps.

EDOUARD: Reste là ! La nuit passée, t'as parlé tant que
t'as voulu, maintenant, c'est mon tour.

Bertha sort de la chambre, attirée par les voix.

JOSEPH: Fais ça vite, d'abord. Moi, j'aime ça direct. J'aime ça court.

EDOUARD: Je te parlerai pas longtemps, je te crierai pas
par la tête non plus, je suis un peu plus civilisé que
toi.

JOSEPH: Tu vois ? Tu commences à prendre des détours.
Qu'est-ce que ça donne de passer par quatre chemins ?

EDOUARD: Ferme ta gueule !

JOSEPH: Tu cries autant que moi aussi ! Ça sert à rien,
tu peux pas t'empêcher de me ressembler.

Fleurette paraît dans le living-room.

EDOUARD *fait un autre pas vers Joseph*:   Si j'ai crié c'est
parce que c'est la seule façon de te faire comprendre.
Je m'aperçois que t'as pas grand-chose au fond de la
caboche mon p'tit gars... La première chose que tu
feras quand je t'aurai parlé, ce sera de passer la porte.
Et on espère tout le monde qu'on te reverra plus. Le
seul souvenir qui va rester entre toi et moi c'est l'emprunt que j'ai fait et que t'as pas été capable de
respecter. A chaque fois que tu feras comme hier,
que tu rencontreras pas tes obligations, je me rendrai
à la Caisse Populaire moi-même, les rencontrer à ta
place. Mais pas parce que je continue de te considé-
rer encore comme mon garçon, ça c'est fini, pour moi
t'es plus personne; mais parce qu'un jour j'ai fait la
folie de penser que tu pouvais agir comme un homme.
Et puis parce que, jeune, j'ai appris à être honnête,
à respecter mes engagements. Parce que je me suis
rendu compte qu'Armand et Bertha ont toujours eu
raison de dire que t'étais un sans-cœur et un raté.
C'est tout, j'ai fini !

JOSEPH: C'est comme ça que je t'aime, le père. Un bon
boxeur cognerait pas mieux que toi.

*Il tourne le dos à Edouard, va ramasser sa vareuse de
soldat et fait face de nouveau à son père.*

JOSEPH: C'est tout ce que je prends comme bagage... *(A
Bertha.)* Le reste de mon linge, tu le vendras aux
pauvres qui passent, Bertha.

Et il sort de la maison. Il disparaît dans la rue. Personne ne bouge plus. Soudain Fleurette éclate en sanglots et entre aussitôt dans sa chambre. Bertha, satisfaite, s'en va à la cuisine alors qu'Armand jette un regard d'admiration à Edouard et sort de la maison pour s'en aller à son travail. Il ne reste plus qu'Edouard en scène. On sent qu'il est éreinté par le geste qu'il vient de poser. Ses épaules sont courbées, son visage est ravagé et jamais il ne nous a paru si vieux. Lentement, il va décrocher son veston et sa casquette. Puis il va à la cuisine chercher sa boîte à lunch. Quelque chose l'oppresse, il s'appuie au chambranle pour ne pas défaillir. On fait le noir complet.

SCÈNE XXI

Dans le noir on entend la musique du carrousel en arrière-plan. L'éclairage revient dans la rue supérieure près du réverbère. Six jours ont passé. Ce n'est pas encore le soir mais presque. Fleurette, près du réverbère attend nerveusement quelqu'un. Joseph paraît à l'autre extrémité de la rue, vêtu de sa vareuse de soldat. Dès qu'il aperçoit Fleurette, il va à sa rencontre.

JOSEPH: Pourquoi que tu m'as donné rendez-vous ici?

FLEURETTE: Fallait que je te voies, Joseph. Fallait que je te parle.

JOSEPH: T'as les yeux tout rouges.

FLEURETTE: C'est pas important ça, Joseph... Je suis venue... je suis venue t'apporter des nouvelles de la maison.

JOSEPH, *qui hausse les épaules, cynique*:   T'aurais pas dû te déranger pour rien. Je veux plus jamais rien savoir de la maudite famille.

FLEURETTE: C'est parce... c'est parce que ça va pas trop bien chez nous.

JOSEPH: Qu'est-ce que tu veux que ça me fasse ? C'est rien de nouveau. Ça fait au moins vingt ans que ça marche pas.

FLEURETTE: P'pa a fait une crise cardiaque.

JOSEPH, *malgré lui*: T'es folle ! Tu sais pas ce que tu dis !

FLEURETTE: Il est au lit... à moitié paralysé.

JOSEPH: T'es folle !... Ça se peut pas !

FLEURETTE: Je pourrais pas inventer ça.

JOSEPH: C'est arrivé quand ?

FLEURETTE: Y a six jours, quand t'es parti.

JOSEPH: Tu veux dire le matin qu'ii m'a jeté dehors pour faire plaisir à Bertha.

FLEURETTE: Il a ouvert la porte pour sortir... et puis on l'a retrouvé dans les marches du perron. Le docteur ne semble pas avoir tellement confiance.

JOSEPH: Pourquoi que tu viens me dire ça ? Pourquoi que tu me laisses pas tranquille ? Tu sais bien que je fais plus partie de la famille !

FLEURETTE: J'ai pensé que ça lui ferait peut-être du bien si tu venais lui rendre visite.

JOSEPH: Après ce qu'il m'a dit l'autre matin, tu te fais des idées, mon coeur. A ses yeux, je suis plus son garçon ! Je suis plus rien.

FLEURETTE: T'aurais seulement qu'à lui demander pardon, tu sais bien qu'il oublierait !

JOSEPH: Demande-moi n'importe quoi mais pas ça ! Y a son orgueil, le père, son orgueil d'homme honnête. Moi, j'ai mon orgueil de sans-parole, mon orgueil de raté.

FLEURETTE: Tu refuses ?

Joseph fait oui de la tête.

FLEURETTE: Même si tu sais qu'il peut mourir ?

JOSEPH: Vois-tu, la p'tite ? J'ai jamais rien donné à personne, j'ai jamais sauvé la vie de personne. Je vois pas comment je pourrais sauver la sienne. *(Elle*

commence à lui tourner le dos en baissant la tête.)
Tu t'en vas déjà ?

FLEURETTE: Je t'ai dit ce que j'avais à dire... Le soir, ma
place est à ses côtés.

JOSEPH: J'aurais aimé... J'aurais aimé que tu viennes
me voir pour me dire bonjour... pas pour m'apporter
des mauvaises nouvelles.

FLEURETTE: Moi non plus, Joseph, j'ai rien à donner à
personne... B'soir, Joseph.

JOSEPH, *à regret tout de même*:   B'soir, la p'tite.

*Elle s'en va. Joseph reste immobile, la regarde s'éloi-
gner et s'en va à son tour, d'un pas énergique, dans l'autre direction.*

SCÈNE XXII

*Le lendemain vers la fin de l'après-midi, chez les La-
tour. Il y a quelque chose de tragique dans l'atmosphère. Armand qui vient d'entrer de son travail apprend
de la bouche de Bertha la nouvelle de la mort de son
beau-père.*

BERTHA: Le docteur est venu aux alentours de quatre
heures à peu près. Il a trouvé que ça allait mieux.
Comme Edouard s'était endormi, j'en ai profité pour
aller chercher des remèdes à la pharmacie. C'est
quand je suis revenue que je m'en suis aperçue.

ARMAND: Ouais... Il est parti vite.

BERTHA: Ça fait que là, j'ai poussé un grand cri et puis
j'ai appelé "au secours". La voisine est venue mais
pour constater la même chose que moi. On a fait
revenir le docteur en vitesse, il l'a examiné une autre
fois et puis il s'est retourné pour nous dire qu'on s'é-
tait pas trompé, qu'y était mort pour vrai. Fleurette
est revenue de son travail, je lui ai dit ça, elle a commencé à pleurer et puis elle s'est enfermée dans sa
chambre. Elle m'a laissée toute seule avec lui.

ARMAND: Pauvre père... Y était pas tellement vieux. Y aurait pu vivre encore quelques bonnes années... L'âge d'être à sa pension approchait; le temps serait venu pour lui de se reposer... Y aura même pas eu cette chance-là... Il nous laisse pas grand-chose, sa mère. Une p'tite assurance-groupe et le billet de cinq cents piastres que j'ai endossé pour lui... Sa dernière folie, la mère. La folie qui l'a achevé... On va juste en avoir assez pour payer son enterrement.

Fleurette est sortie de sa chambre sur les dernières phrases d'Armand. Elle est pâle, ses yeux sont rougis par les larmes.

FLEURETTE: Tu commences déjà à penser combien ça va coûter, Armand ?

ARMAND: Qui c'est qui va s'en occuper si je le fais pas ?

FLEURETTE: Vas-tu prévenir Joseph, aussi ?

BERTHA: Certain. Comme c'est lui qui l'a tué...

FLEURETTE: Dis pas ça. C'est pas rien que lui. C'est tous nous autres. Vivre dans une maison où personne s'aime, ça doit pas être bon à la longue. Et puis je pense que p'pa était plus de son temps. Y essayait d'être comme tout le monde, de comprendre tout le monde, mais y était pas capable.

Entre Joseph dans la maison. Il est venu par le côté gauche de la rue. Armand et Bertha ont un mouvement de recul.

FLEURETTE: Joseph !... *(Elle se jette en pleurant dans ses bras. Joseph comprend tout de suite.)* T'es venu trop tard, Joseph.

ARMAND: Après tout ce que tu lui as fait, je pensais pas que t'aurais le front de remettre les pieds ici-dedans !

JOSEPH, *écartant doucement Fleurette de lui*: Je sais que le père voulait me voir avant de mourir. Je suis venu lui rendre visite.

BERTHA: Fleurette te l'a dit : t'arrives trop tard.

ARMAND: Tu te contenteras de te montrer à l'enterrement. En attendant, je pense que tu peux pas rendre service à personne. T'aurais pu, y a une semaine, mais t'as laissé passer ta chance. C'est fini maintenant, tu le feras plus souffrir.

Joseph repousse Armand qui lui barre la route et se dirige vers la chambre de son père où il entre.

JOSEPH, *à Edouard*: T'aurais pu m'attendre... Je t'apportais de l'argent... Je suis juste en retard d'une semaine, le père... On n'a pas le droit d'être en retard, le père?... *(Il lui passe doucement la main sur le front.)* Je te demande pas pardon parce que c'est pas ça que t'attendais de moi. Mais ce que t'attendais de moi, j'étais pas capable de te le donner.

Il enlève sa vareuse de soldat et en recouvre la poitrine de son père.

JOSEPH: T'as été mieux que moi. Toute ta vie, t'as été un bon soldat mais personne savait te le dire... Salut!... Salut, le père...

Il se détourne de lui et sort de la chambre.

JOSEPH, *à Armand à qui il donne l'argent*: Tu donneras ça au gérant de la caisse... A chaque mois, tu recevras la même chose.

Et il se dirige vers la porte de sortie.

FLEURETTE, *d'une voix brisée*: Joseph!... Tu t'en vas encore, Joseph?
JOSEPH *la regarde*: Quand on part une fois, on devrait plus jamais revenir.

Et il sort de la maison. Il disparaît dans la rue. Bertha et Armand vont dans la chambre et s'agenouillent près du lit. Fleurette regarde en direction de la porte de sortie par où Joseph s'en est allé pour toujours. On entend une voix d'homme qui chante le Requiem de la messe des morts.

SCÈNE XXIII

Trois ans plus tard, un soir d'été en 1952, chez les La-
tour. Nous retrouvons Armand et Bertha assis dans
le living-room. Il est environ six heures trente. Armand
travaille tandis que Bertha feuillette des magazines.
Devant Armand, sur la table, une tasse de thé. A deux
ou trois reprises, Armand jette un regard inquiet en di-
rection de la chambre de Fleurette. Une voix de femme
chante sur un air de marche.

> Ton coeur qui bat sous ta vareuse
> Ne me dit pas de phrases heureuses
> Il s'en ira ce jour d'été
> Quand tu m'auras vraiment quittée

> Amour, amour, mon bel amour
> Pourquoi toujours, ce dur tambour
> Pourquoi toujours ce chant t'appelle
> Ce chant d'amour et de querelle

> Ton coeur qui fuit sous ta vareuse
> Le cher pays de fleurs trompeuses
> Est plein de nuit trempé de larmes
> Mets ton képi et prends les armes

> Amour, amour, mon bel amour
> O troubadour, des arrièr's-cours
> Mon coeur est lourd de tes alarmes
> Et pour toujours tu me désarmes

BERTHA *observe Armand:*   T'es bien nerveux!

ARMAND, *à mi-voix:*   Mets-toi dans ma peau !

BERTHA: Plus tu vas retarder, plus ce sera difficile. T'aurais dû régler ça pendant le souper.

ARMAND: Je le sais.

BERTHA: Je peux le faire à ta place, si tu veux. Je pas-
serai pas par quatre chemins.

ARMAND: Non, la mère. Je t'ai dit que je m'en chargeais !

BERTHA: Je serai pas tranquille tant que tu lui auras pas
dit.

ARMAND: Aussitôt qu'elle sortira de sa chambre !

Silence.

BERTHA, *qui lui montre un magazine*:   Regarde donc le
beau p'tit "bungalow", Armand.

ARMAND, *qui jette un coup d'oeil*:   C'est moderne.

BERTHA: Moderne et pas cher.

ARMAND: Je sais pas si c'est tellement pratique, par
exemple !

BERTHA: Ça doit, voyons ! Plus pratique qu'ici en tout
cas. Tu sais qu'il y en a de plus en plus dans le nord
de la ville ?

ARMAND: C'est présenté de façon à tenter les femmes.
En réalité, c'est peut-être pas si beau que ça.

BERTHA: J'aurais toujours voulu avoir une maison confortable...

ARMAND: Depuis qu'on est rien que trois, on a toute la
place qu'il faut ici.

BERTHA: Tu trouves pas ça vieux ? T'as jamais remarqué comme c'était sale ?

ARMAND: Ça l'est mais le loyer est pas cher.

La porte de chambre de Fleurette s'ouvre.

BERTHA, *vivement*:   La v'là. Profites-en !

*Fleurette s'avance dans le living-room. Elle est femme
maintenant. Il y a quelque chose qui s'est apaisé dans
son visage. Armand se lève lentement. Il la regarde
avec crainte. Il ouvre la bouche pour lui parler mais
aucun son ne sort de ses lèvres.*

BERTHA: Armand voudrait te dire quelque chose, Fleurette.

FLEURETTE: Y a pas à se gêner. Il se gêne pas d'habitude !

ARMAND, *qui bafouille*:   C'est assez grave... Et puis c'est
pas plaisant pour moi d'avoir à t'apprendre ça.

Emile est entré dans la rue. Il est très bien vêtu. Cos-
tume et cravate sombres. Chemise blanche. Il sonne
à la porte d'entrée chez les Latour.

FLEURETTE: Je vais ouvrir.

Elle se dirige vers le vestibule.

BERTHA, *à Armand*:   Je te croyais plus courageux.
ARMAND: C'est de ma faute, si la porte a sonné ?

Armand se rasseoit.

FLEURETTE, *qui a ouvert la porte et qui aperçoit Emile*
   avec surprise: Emile ?
EMILE: Bonsoir, beauté.
FLEURETTE: Qu'est-ce que tu viens faire ?
EMILE: Je passais. Je voulais prendre des nouvelles.
FLEURETTE: Veux-tu rentrer ?
EMILE: Non, on peut se parler dehors.
FLEURETTE: Ça fait assez longtemps qu'on t'a vu.
EMILE: J'ai été pas mal occupé. Je me suis dégourdi
   depuis trois ans !... Tu sais que je suis devenu chauf-
   feur privé ? Je pars demain pour la Floride. En
   grosse Cadillac noire, beauté. Je travaille pour un
   vrai "big shot". Il fait des affaires à travers l'Amé-
   rique. Je le suis partout. Même quand il voyage en
   avion, y a besoin de moi.
FLEURETTE: T'es chanceux !
EMILE: J'ai toujours eu ça dans le sang, qu'est-ce que tu
   veux ? Quand j'étais avec Joseph, c'était pareil. J'a-
   vais toujours besoin de partir à l'aventure.
FLEURETTE: C'est vrai que vous avez fait pas mal de
   chemin, ensemble !
EMILE: Quand monsieur Latour est mort, je pensais le
   revoir ! J'étais son ami, je l'aurais pas laissé tomber,
   Chrysostôme ! Je l'ai pas revu !... As-tu des nouvelles
   de lui de temps en temps ?

FLEURETTE *fait "oui" de la tête*: Il m'a écrit une fois...
Il s'est engagé dans l'armée et puis y est parti en
Corée.

EMILE, *qui avait pensé à tout, sauf à ça*: C'est vrai? Tu
ris pas de moi, Fleurette?

FLEURETTE: C'est vrai.

EMILE: J'aurais dû y penser... Quand il avait une idée
au fond de la tête, on pouvait pas le faire changer.
Pour un gars comme Joseph, il va toujours y avoir
une guerre à courir, un coin de pays du bout du monde pour risquer sa peau.

BERTHA, *de l'intérieur*: Fleurette! Fleurette! Viens laver la vaisselle!

FLEURETTE, *qui tourne la tête automatiquement*: Oui,
m'man!... Je vais te laisser, Emile.

EMILE: A ton âge, tu laves encore la vaisselle?

FLEURETTE: Faire ça ou bien autre chose.

EMILE: Si Joseph était ici, je sais ce qu'il te dirait, moi!

FLEURETTE: Y est plus ici. Y est parti courir une autre
guerre.

EMILE: Mais s'il y était, il te dirait de plus laver la vaisselle; il te dirait de partir et de voir le monde, un
peu... Sors de ta rue, beauté, cours ta chance. C'est
pas une vie de rester écrasée dans ton coin comme
tu le fais! Gaspille pas tes belles années, tu vas les
regretter après. T'es encore jeune, tu t'en vas vers
quelque chose, tu t'en vas quelque part. Un jour, tu
vas savoir ce que t'es, ce que tu veux. Un jour, tu vas
comprendre que c'est permis à tout le monde de vivre.

BERTHA: Fleurette! Fleurette! Viens laver la vaisselle!

Fleurette ne bouge pas, cette fois.

FLEURETTE: Tu l'as connu mieux que nous autres, Emile.
Continue de me parler de lui.

EMILE: Une autre fois, beauté. Quand je reviendrai de
Floride. Là, faut que je me rende à la rue Peel,
mon "boss" va sortir d'un banquet. Bonsoir, et pense
à ce que je t'ai dit.

*Il sort. Sa voiture démarre et s'éloigne. Fleurette reste
seule, immobile sur le coin de la rue. Ses yeux sont
mouillés d'espoir.*

FLEURETTE: Un jour, oui... Il faudrait que ça arrive un
   jour...

BERTHA: Fleurette! Es-tu sourde? Viens laver la vaisselle.

FLEURETTE, *qui entre dans la maison*:   Je suis pas ta ser-
   vante, m'man. T'as pas besoin de crier si fort pour
   me demander quelque chose. Je travaille toute la
   journée, le soir j'aurais le droit d'être libre un p'tit
   peu.

BERTHA: Rechigne pas. Moi aussi je travaille toute la
   journée et j'ai jamais été libre.

FLEURETTE: T'avais quelque chose d'important à me
   dire, Armand?

ARMAND, *se lève une seconde fois*:   Oui... Et si je le
   fais c'est pas de bon coeur, crois-moi.

FLEURETTE: T'es pas content de la pension que je paye?

ARMAND: C'est pas ça, c'est pas ça du tout... C'est...

BERTHA, *devant l'hésitation d'Armand*:   On a reçu un télégramme du gouvernement aujourd'hui.

ARMAND: Du ministère de la défense pour être plus pré-
   cis.

FLEURETTE: Puis?

ARMAND: C'était une mauvaise nouvelle...

*Incapable d'aller plus loin, il prend le télégramme dans
sa poche et le tend à Fleurette. Elle l'accepte d'abord
avec appréhension puis le lit courageusement... Un long
silence. Les yeux de Bertha et d'Armand sont rivés sur
elle.*

FLEURETTE, *après avoir lu*:   Y est mort comme y a voulu... Comme un simple soldat. Tant mieux pour lui.

BERTHA: Va laver la vaisselle et essaye de pas trop y
   penser.

FLEURETTE: Mais je veux pas l'oublier! Je vais y penser
   toute ma vie!

ARMAND, *comme pour la consoler*:   Y a... y a peut-être
    gagné une médaille en mourant.
FLEURETTE: Quand on est mort, on n'a pas besoin de
    médaille.

*Elle pleure doucement, pendant qu'on entend une voix
de femme qui chante le Libera de la messe des morts.*

Fin de la pièce.

JOSEPH: Emile!.... Qu'est-ce que tu fais là?

(Deuxième acte, scène V)

JOSEPH: Je vais t'expliquer quelque chose. Si tu passes toute ta vie à étouffer dans le même p'tit coin, tu vieillis sans rien apprendre.

(Troisième acte, scène XIII)

EDOUARD: Dis-moi pourquoi j'attends encore quelque chose de lui, Bertha?..

(Quatrième acte, scène XVII)

JOSEPH: Mais fais attention, le père! Moi, je suis là! Je suis là pour te le faire regretter toute ta vie! Tu me comprends? Toute ta Christ de vie!

(Quatrière acte, scène XX)

EDOUARD: La première chose que tu feras quand je t'aurai parlé, ce sera de passer la porte.

(Quatrième acte, scène XX)

CRITIQUE

Joseph Latour... Joseph... Prénom qui à lui seul s'enveloppe de tout l'anonymat social et personnel qui asphyxia longtemps le canadien-français catholique : qui est-on lorsqu'on s'appelle Joseph ? Peut-on se faire un nom à soi lorsque tout homme baptisé le porte aussi ? Et pour y arriver, faut-il, au prix de sa vie, s'exiler dans quelque vieux pays à résonnance lointaine, déguisé en soldat pour un feu d'artifice mortellement beau, y défendre des intérêts ignorés ?

C'était la « belle époque » du soldat Lebrun. La guerre faisait pleurer mais la prospérité qu'elle entraînait dans ses ravages consolait bien des gens. Bertha Latour, par exemple, se réjouit : son demi-fils Joseph a pris les rangs et stationne à Halifax, ses deux filles Marguerite et Fleurette gagnent un bon salaire, et Armand, le fils aimé, promet beaucoup. Émile vend des boîtes de beurre, des coupons de rationnement des pneus sur le marché noir ; heureux Émile ! Et Ti-Mine, habillé comme un « monsieur », commence à rouler sur l'or en vendant l'amour des filles d'occasion. Belle époque...

Mais la guerre meurt à son tour et les engrenages social et familial se dérèglent tout à coup : l'Europe enterre ses victimes et Joseph revient de Halifax sans gloire, Marguerite se prostitue, Émile flambe tout à la barbotte et Édouard, impuissant, se laisse retirer son camion. Seul Ti-Mine, crapule née d'hier, saura tirer les bonnes ficelles de l'après-guerre.

Lorsqu'il arrive en trombe dans la maison, portant vareuse et béret, bravant sa belle-famille avec la force déroutante de son rire franc et de sa verve crue, Joseph, à la grande joie de Fleurette et d'Édouard sans doute, vient mettre fin au règne de Bertha : fin de la tranquillité rassise, de l'apathie routinière, de l'engourdissement des habitudes, du bercement du gagne-petit en attente de rien. Un à un, les membres de la cellule ont déjà esquissé le portrait de Joseph ; il leur reste à se définir en affrontant ce faiseur de troubles, ce soldat de la

démesure aux prises avec son destin. Bertha étouffe dans sa
propre maison lorsque ce vaurien y vit; sans lui pourtant,
l'atmosphère se vicie davantage, les araignées de l'ennui
morose y tissent leurs toiles aliénantes. Bertha n'a pas compris,
ou peut-être ne veut-elle pas se l'avouer, même en silence, que
seul son « demi-fils » apporte du bon air lorsqu'il ouvre la
porte qui donne sur le monde et la vie : air de voyages, air de
rêves, air de bonheur, de liberté, de dépassement, alors que
celui du living-room pue l'amertume, la réserve, la sécurité des
polices d'assurance et des vendeurs de bonne conscience. Scénario familial dans lequel Joseph étouffe plus que Bertha.
Procès de famille, procès de société, procès du bonheur.

Joseph, lui, a déjà répondu à l'appel incessant des sirènes, il a ouvert d'un bras décidé et toutes grandes les portes de
la liberté, mais ses mains vides et ses semelles vagabondes ne le
conduisent qu'à son destin, sur l'autel sacrificiel de la guerre
de Corée. Personnage d'enfer qui n'en peut plus de traîner
l'enfer derrière lui, qui gueule tout haut sa révolte et prend la
fatalité à la gorge. Personnage d'une force inouïe qui ne
trouve son exutoire qu'à l'échelle mondiale, et dont la virilité
et la disponibilité affolées et déroutantes ne rencontrent aucune
ardeur mobilisatrice. Personnage de la démesure et du tragique
universels, personnage d'enfer et de la damnation purificatrice,
trop rugissant pour sa petite famille, cent fois plus fort que tous
les Tit-Coq de par ici. Personnage de la révolte, de la même
trempe que Ciboulette dans *Zone,* Geneviève dans *Au retour
des oies blanches,* Dominique dans *Les beaux dimanches,* Florence dans *Florence.*

Héros raté, soldat manqué, voyou, vaurien, paresseux,
tout-nu, serpent, sans-cœur, fendant, menteur, tricheur,
ivrogne, hobo, grand fou, suppôt de Satan et de Bacchus,
Joseph Latour cherche dans sa révolte contre la famille, la
société et lui-même, une purification qu'il ne pourra rencontrer
que dans la mort lointaine. Puisqu'il a raté une première fois
son solo de mitraillette, sa « première chance », il retombe
dans son trou, dans la vase du quotidien à la Bertha et rede-

vient l'épave qu'il était : « un voyou, un bon-à-rien ».
Chaque nouvelle aventure, au parc Lafontaine, à Hamilton,
à Asbestos, sur la « main », prolonge momentanément son
sursis en le tirant de son enlisement quotidien. Il a trouvé dans
la guerre un dérivatif à sa mesure: « Je me suis aperçu tout à
coup que c'était ma place. Ma seule place... Un gars qui se bat
à la guerre, c'est un gars qui gagne pas sa vie comme tout le
monde, qui fait quelque chose de spécial. Tu peux lui donner un
nom, c'est un gars qui a une raison de vivre. »

Mais au fond, ce qu'il cherche à tuer en premier, ce n'est
pas son vis-à-vis sur le champ de bataille, c'est la fatalité qu'il
sent autour de lui comme un filet d'esprits maléfiques. Et
quelle belle engueulade adressée au destin:

> « Mais depuis que je suis haut comme ça, je sais pas ce
> qui joue contre moi. Je réussis jamais rien... Y a quel-
> qu'un qui a triché quelque part, y a quelqu'un qui fait que
> la vie maltraite toujours les mêmes ! Y a quelqu'un qui a
> mêlé les cartes, Émile, va falloir le trouver. Va falloir le
> battre à mort, Émile... Ça fait assez longtemps que je le
> cherche ! Je vais le trouver ! Je vais le trouver ! J'en ai
> assez de traîner l'enfer derrière moi. »

Mais le destin frappe silencieusement, dans le dos. À défaut
des grandeurs et misères du « private » qu'il a rêvé d'être,
Joseph pousse à bout l'absurdité de sa situation en racontant
dans les brumes de l'alcool, ses « souvenirs de guerre », transformant ses échecs et ses menteries en autant d'hameçons pour
pêcher l'amour des filles faciles sur les rives des bars et se consoler lui-même : Berlin, les cicatrices, le front, le prisonnier
évadé, l'amour sous un parapluie d'obus, etc. Heureux qui
comme Joseph a fait un beau voyage...

Entre deux guerres, que peut faire un soldat raté ? Attendre
la prochaine en trompant son ennui, noyer sa misère inté-
rieure, afficher un masque de dur et pleurer en cachette, dans
son verre de rye. Sa vareuse, tout à coup, s'enrichit d'un sym-
bolisme touchant : Joseph la porte comme un sauf-conduit, il
l'enlève et la remet au rythme de ses revirements subits d'atti-

tude, elle lui colle à la peau comme un tatouage de liberté, se transformant peu à peu jusqu'à devenir le linceuil du père à la fin du drame. Sans vareuse, le mal de vivre le prend aux tripes. Père et fils meurent en vareuse.

Malaise et impuissance chez un homme dont la virilité bouscule tout son entourage. Joseph refuse d'un même rire la paternité et la banalité du travail urbain. On peut voir dans la perte de sa mère et le refus systématique de Bertha une première explication de son désoeuvrement continuel ; mais il s'agit aussi du québécois coincé dans l'agitation de Montréal et dont le père avait des sources paysannes directes. Citadin prolétaire « né de l'incompréhension, des années de la Crise et de la peur de vivre », incapable de s'habituer à son nouvel environnement, nostalgique devant la perte d'espace et du risque, complètement déphasé, aux prises avec une gestuelle étrangère et des cérémonials maudits. Certes il lui manque une mère, son coeur a cessé de battre à la mort de la sienne, à quatre ans. Bertha ne comble rien du tout et Édouard ne sert que de repoussoir. L'instabilité de Joseph ne vient pas seulement de ce père soumis mais entêté, pauvre mais honnête, ravagé, brûlé, exploité, elle vient aussi d'une famille ou personne ne s'aime et d'une société malade qui commence à percevoir son mal sans encore en crier le nom terrible. Joseph a encore les gales de l'aliénation mais sa liberté a couleur d'avenir. Il va en Corée rencontrer son destin personnel, parce qu'il n'a pas les moyens de s'engager ici dans la réalisation d'un destin collectif. Et puis, écrira son auteur, « il était trop pauvre d'esprit pour avoir une idéologie précise ». Joseph Latour, martyr païen d'un peuple au bord d'un difficile éveil, pèlerin de l'absolu humain.

Un des grands personnages de Dubé. Il a la révolte dans les voiles mais il lui manque un fleuve et un port. Il lui manque une famille, un reste d'enfance et de tendresse, une vraie vie à la mesure du pays à venir. Et comment rebâtir le monde les mains vides ? « Chrisostome de Chrisostome... »

Pierre Filion

OEUVRES DE MARCEL DUBÉ

Zone, Montréal, Éditions de la Cascade, 1956 ; Leméac, 1968.

Le Temps des lilas (suivi de *Un simple soldat*), Québec, Institut littéraire, 1958 ; Montréal, Leméac, 1969 ; édition scolaire, Leméac, 1973.

Un simple soldat, Montréal, Éditions de l'Homme, 1967 ; Leméac, 1968 ; Quinze, 1980.

Florence, Québec, Institut littéraire du Québec, 1960 ; Montréal, Leméac, 1970.

Bilan, Montréal, Leméac, 1968.

Virginie, Montréal, Écrits du Canada français no 24, 1968 ; Montréal, Leméac, 1974.

Textes et Documents, Montréal, Leméac, 1968 ; 1973.

Les Beaux Dimanches, Montréal, Leméac, 1969.

Au retour des oies blanches, Montréal, Leméac, 1969 ; *The White Geese*, Toronto, New Press, 1972.

Pauvre Amour, Montréal, Leméac, 1969.

Hold-up !, Montréal, Leméac, 1969 ; avec la collaboration de Louis-Georges Carrier.

Le Coup de l'étrier et *Avant de t'en aller*, Montréal, Leméac, 1970.

Un matin comme les autres, Montréal, Leméac, 1971.

Entre midi et soir, Montréal, Leméac, 1971.

Le Naufragé, Montréal, Leméac, 1971.

L'Échéance du vendredi, suivi de *Paradis perdu*, Montréal, Leméac, 1972.

De l'autre côté du mur, suivi de *Rendez-vous, le Visiteur, l'Aiguillage, le Père idéal, les Frères ennemis*, Montréal, Leméac, 1973.

Médée, Montréal, Leméac, 1973.

Manuel, Montréal, Leméac, 1973.

La Cellule, Montréal, Leméac, 1973.

Jérémie. Argument de ballet, Montréal, Leméac, 1973.

La Tragédie est un acte de foi, Montréal, Leméac, 1973.

Poèmes de sable, Montréal, Leméac, 1974.

L'Impromptu de Québec ou le Testament, Montréal, Leméac, 1974.

L'Été s'appelle Julie, Montréal, Leméac, 1975.

Dites-le avec des fleurs, Montréal, Leméac, 1976 ; avec la collaboration de Jean Barbeau.

Le Réformiste ou l'Honneur des hommes, Montréal, Leméac, 1977.

Octobre, Montréal, Leméac, 1977.

Téléromans

Côte de sable, 1er novembre 1960-20 juin 1962 (CBFT).

De 9 à 5, 7 octobre 1963-24 mai 1966 (CBFT).

ÉTUDES SUR MARCEL DUBÉ

GOBIN, Pierre, *le Fou et ses doubles. Figures de la dramaturgie québécoise*, Montréal, les Presses de l'Université de Montréal, 1978.

GODIN, Jean-Cléo, « Mourir sa vie, vivre sa mort. Le monde de Marcel Dubé », dans *le Théâtre québécois, Introduction à dix dramaturges québécois*, Montréal, Hurtubise HMH, 1970, p. 81-105.

LAROCHE, Maximilien, *Marcel Dubé*, Montréal, Fides, 1970.

VANASSE, André, « À propos d'une valise ou Esquisse psychocritique de l'oeuvre de Marcel Dubé », *Livres et Auteurs québécois*, 1971, p. 311-322.

Québec
10/10